AF464185

RÉFLEXIONS

SUR LA SITUATION POLITIQUE

DE

LA FRANCE

PAR M. LE COMTE D'HARDEMARE

ROMORANTIN
IMPRIMERIE, LITHOGRAPHIE & RELIURE DE JOUBERT & FILS
PLACE D'ARMES, 22, & RUE SAINT-MARTIN, 12

1874

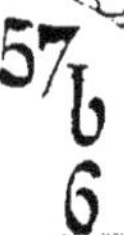

RÉFLEXIONS
SUR LA SITUATION POLITIQUE
DE LA FRANCE

RÉFLEXIONS

SUR LA SITUATION POLITIQUE

DE

LA FRANCE

PAR M. LE COMTE D'HARDEMARE

ROMORANTIN

IMPRIMERIE, LITHOGRAPHIE & RELIURE DE JOUBERT & FILS

PLACE D'ARMES, 22, & RUE SAINT-MARTIN, 12

1874

PRÉFACE

RÉFLEXIONS DIFFUSES ET TROP MULTIPLIÉES, JE L'AVOUE, SUR LA SITUATION POLITIQUE DE NOTRE MALHEUREUX PAYS

Je suis le plus mauvais avocat de la meilleure des causes, selon moi ; c'est de tout cœur, consciencieusement, que je la défends, je la crois si bonne !

A mon âge, sauf de très rares exceptions, on n'a plus d'ambition, mais on a l'expérience du passé : le plus souvent c'est le seul avantage qui reste aux vieillards.

Je suis persuadé que parmi toutes les personnes qui ont, hélas, très-malheureusement pour la France, des opinions si diverses, il s'en trouve un grand nombre qui, comme moi, pensent avoir la bonne.

J'ai toujours conservé mon opinion avec fermeté, mais aussi avec modération. J'ai en haine le despotisme, surtout celui des révolutionnaires.

Je prie instamment les personnes à qui parviendra ma

pauvre prose, de la parcourir entièrement, malgré sa longueur et sa défectuosité.

Les Français ont généralement le défaut (quelle est la nation qui n'a pas le sien) de ne vouloir pas entendre le pour et le contre.

Pour juger loyalement une cause, il est indispensable de la connaître parfaitement.

Un assez grand nombre de journalistes parlent à tort et à travers de leurs adversaires, et lorsque ces derniers leur donnent la réplique, ils trouvent tout naturel de ne pas la mettre dans leur journal ; cela prouve qu'ils défendent une mauvaise cause.

Je me propose de démontrer par de nombreuses preuves bien établies, irréfutables, que notre pauvre France ne peut se relever de son abaissement qu'en contractant des alliances avec les nations qui nous sont le moins hostiles, ou plutôt le plus sympathiques. Pouvons-nous conserver l'espoir que, dans notre si triste situation, il nous soit possible d'avoir pour allié un des rois ou empereurs qui gouvernent l'Europe ? Le titre seul qu'on a donné à notre pays, de gouvernement républicain, les détourne de s'allier à notre malheureuse patrie.

Les éloges, les continuels applaudissements prodigués, adressés par les républicains au roi de Prusse et à son premier ministre, pour les engager, au nom de la liberté, à persécuter les catholiques, ne décideront pas du tout l'empereur Guillaume à mettre sa couronne aux pieds des révolutionnaires.

Lorsqu'ils voudront y toucher, il saura la défendre.

Nos funestes essais de républiques nous prouvent assez que ce sont toujours les terroristes qui, spontanément, sous cette forme de gouvernement, deviennent les maîtres barbares, sanguinaires, guillotineurs, mitrailleurs, pillards, de notre malheureux pays.

L'apparition en France des révolutionnaires nous a toujours été fatale.

Quant à l'empire, c'est la guerre permanente, le despotisme porté à son apogée, et également la ruine de notre pays.

L'empire a fait ses preuves en voulant conquérir l'Europe : trois fois il a amené l'étranger dans notre malheureux pays.

Comme les Français de notre époque, les anciens Grecs et surtout les Athéniens avaient l'esprit très-versatile.

Pour pallier ce défaut, leurs orateurs étaient calmes lorsqu'ils prononçaient des discours politiques devant le peuple ; ils s'abstenaient de les accompagner de gestes, leurs bras restaient ballants, les pensées seules devaient éclairer, émouvoir les citoyens qui les écoutaient avec plus ou moins de bienveillance.

On devrait bien faire la même recommandation à tous nos grands meneurs, nos émissaires politiques qui, ainsi que ceux qu'ils endoctrinent facilement, changent si souvent d'opinion.

C'est avec un zèle trop empressé et despotique que les directeurs font d'ordinaire la leçon à leurs chers élèves, à leurs chers électeurs.

Ils entreprennent, le plus souvent avec grand succès, de leur donner une haute instruction électorale, instruction qui tourne souvent à l'impiété : le mot n'est pas de moi, c'est M. Gambetta qui l'a émis.

Tout grec devait avoir une opinion arrêtée.

Le nombre est grand, malheureusement, des Français qui, depuis 80 ans, ont appris à flatter quand même les personnages qui sont les chefs du pouvoir ; lorsque leur autorité est à son déclin, près de disparaître, les adulateurs les délaissent avec empressement.

Il s'est trouvé des hommes qui n'ont pas hésité à proclamer que l'empereur Louis Napoléon était un grand monarque, cela bien entendu a été dit lorsque ce prince n'était pas déchu du trône.

Ces flatteurs sont actuellement de parfaits républicains.

QUELQUES RÉFLEXIONS

SUR

NOTRE SITUATION ACTUELLE

Je pense qu'il serait impossible de rencontrer en France une seule personne qui voulût consentir à ne pas être de son temps, à la condition cependant que ce temps ne fût pas anti-social, barbare.

Evidemment, plus on remonte à des siècles éloignés du nôtre, plus on trouve des usages, des coutumes, des mœurs qui ne sont pas en rapport avec nos agissements actuels. Il faut tenir compte des époques où ces usages ont été acceptés, où ces coutumes avaient leur raison d'être ; cette fidélité au serment, ces sentiments chevaleresques du moyen-âge avaient du bon, n'étaient pas sans charmes.

Depuis quatre-vingts ans, nous avons fait de déplorables progrès en mobilités politiques ; on ne peut pas dire qu'à cet endroit nous soyons restés arriérés.

Il est temps que les hommes d'ordre, qui aiment sincèrement leur patrie, mettent le plus tôt possible fin à cette mobilité.

Nous avons passé avec un entrain sans pareil du blanc au tricolore, du tricolore au rouge, de la Législative à la Constituante d'où est sortie la Montagne, le Septembrisme, le Directoire, puis le Consulat, puis l'Empire, auquel succéda la Restauration. L'Empire fut de nouveau installé en France pour quelques mois, puis revint la Restauration, etc.

Toutes les personnes impartiales qui ont vécu sous la Restauration conviennent, sont persuadées que le retour du premier empereur de l'île d'Elbe a été désastreux pour la France.... Louis XVIII et sa famille revinrent une seconde fois dans leur bien-aimée patrie...., ils y furent accueillis avec une acclamation à peu près générale ; on était fatigué des guerres continuelles entreprises de tous côtés sous le premier Empire, guerres qui nous enlevèrent notre population la plus virile. Encore un peu de temps et il ne fût resté dans nos foyers que les infirmes, les estropiés, les bossus.

Louis XVIII et Charles X, avec une promptitude inespérée, réparèrent autant que possible tous les désastres dont la France avait été accablée, surtout à la seconde invasion des nations coalisées que l'Empereur, en voulant les conquérir toutes, avait attirées dans notre malheureux pays.

Louis-Philippe, qui succéda à Charles X, fut obligé, après dix-huit ans de règne, d'abandonner la France ; ainsi que Charles X, il mourut en exil.

Après le départ du roi Louis-Philippe, le prince Louis Napoléon, neveu de l'Empereur, fut nommé président de cette république qu'on disait être pour toujours implantée en France : les députés en firent l'essai très-loyalement. Le prince promit sur l'honneur qu'il conserverait toujours ce gouvernement, le seul qui, disait-il, pouvait le mieux atténuer, faire disparaître les dissidences politiques. Il n'en fit pas moins nuitamment arrêter les autorités civiles et militaires qui pouvaient nuire à son avénement au trône impérial. Suivant l'exemple de son oncle, il fit expulser par les baïonnettes tous les députés de leur salle, et se fit proclamer Empereur des Français avec hérédité de la couronne pour ses enfants et sa famille. Fait prisonnier à Sedan (2 septembre 1870), il sortit de France pour n'y plus rentrer ; et la chambre des députés, nommée pour traiter de la paix, proclama à l'unanimité, moins 5 voix,

Napoléon III, son fils, sa famille, déchus du trône : on peut dire très-certainement que cette chambre est une de celles qui ont été élues avec le plus de liberté, de loyauté.

Au second empire succéda (c'est un verbe, un mot, qui malheureusement est trop souvent à répéter en France depuis 80 ans) un gouvernement à nul autre pareil. Onze personnages de l'école démocratique et révolutionnaire s'emparèrent, après l'expulsion de Napoléon, du pouvoir sans y avoir d'autre droit que celui qu'ils s'étaient eux-mêmes arrogé, attribué. Ils acclamèrent la République et s'en firent les ministres, les chefs suprêmes très-despotiques. Notre malheureux pays était alors envahi par les Prussiens. Malgré la dispersion, la destruction presque totale de nos armées, surtout à Sedan et à Metz, ces grands dignitaires improvisés voulurent continuer la guerre à laquelle s'était si mal préparé l'empereur Napoléon, guerre qu'il a si fatalement dirigée : c'était un prince qui avait beaucoup trop de confiance en son étoile. Neveu du grand capitaine Napoléon Ier, il se crut un général de premier ordre. Il avait, je crois, fait l'apprentissage de la guerre en Suisse comme capitaine dans la garde nationale ; il avait dû alors se faire naturaliser Suisse ; peut-être comptait-il encore comme apprentissage guerrier ses deux excursions à main armée faites en France contre nos soldats.

. . . .

Huit sur onze de nos nouveaux souverains dignitaires restèrent bloqués à Paris pendant le siége qu'en firent les Allemands ; les trois autres s'installèrent à Tours.

Il était difficile à ces trois ministres de communiquer avec leurs collègues restés dans la grande cité. Le citoyen Gambetta, sans hésitation aucune, connaissant sa valeur, sa capacité militaire, se proclame ministre dirigeant, intendant général, dictateur, ou au moins quasi-dictateur.

Je ne doute pas qu'actuellement, quoique déchu du pouvoir, il ne soit très disposé à se dire : *usque ascendam*, jusqu'où monterai-je ? Lorsque l'on est parvenu si facilement par des moyens excentriques à devenir spontanément d'avocat ministre, directeur de la guerre, il n'y a plus, surtout maintenant dans notre pays, que quelques pas à faire pour être roi, empereur, si ce dernier titre convient mieux, ou plutôt César.

Quand M. Thiers était président de la République, on était persuadé que prochainement M. Gambetta lui succéderait. Malheureusement pour M. Gambetta, les personnages que je ne qualifierai pas, qui s'emparent rapidement, audacieusement du pouvoir, non-seulement ne peuvent le conserver, mais sont traités plus que rudement par leurs amis politiques qui ont hâte de les remplacer à ce pouvoir si envié, et cependant si peu enviable.

M. Gambetta, quoique très-convaincu de sa remarquable capacité militaire, s'adjoignit un auxiliaire ayant titre de délégué du ministère de la guerre. Voici l'appréciation qu'un de nos meilleurs généraux a faite de ces deux personnages, le ministre et le délégué, dans une lettre écrite au général Trochu : « Gambetta n'entend rien à la stratégie, il est très-étourdi, il défait et refait ce qu'il fait. S'il n'avait pas décommandé ce qu'il avait dit de faire à Orléans, il y avait pour nous chance de remporter une belle victoire; cette victoire eût pu mettre la France non pas probablement dans la situation de repousser les Allemands jusque dans leur pays, mais de les décider à nous concéder de meilleures conditions de paix que celles qui ont été conclues. » Le général ajoute : « Quant au délégué du ministre de la guerre, de M. Gambetta, il a été le mauvais génie de notre malheureuse patrie; orgueilleux, entêté, plus que tout autre il a contribué au désastre de la France. » Ce général est convaincu (et il le prouve par des chiffres) que le ravitaillement de Paris, même pour un seul jour, ne pouvait se faire qu'en repoussant de la capitale nos si nombreux ennemis.

J'ai la conviction que, même au moment de sa courte splendeur, notre ex-ministre et dictateur a été fréquemment poursuivi par une foule de désagréments! Mais que ne peut-on pas subir pour sa bien-aimée patrie, et pour être ministre de la guerre ! M. Gambetta a dû être contristé, molesté, lorsqu'il a entendu le rapport fait à la tribune de la Chambre des députés, sur la manière dont avaient été effectuées, sous sa dictature, les trop fameuses fournitures avariées, souvent inserviables et achetées à des prix incroyablement excessifs.

La très-grande majorité des fournisseurs désignés, acceptés par les trois représentants du pouvoir établi à Tours, qui ne s'entendaient pas plus à traiter de telles affaires, d'une aussi grande importance, qu'un maître de danse à fabriquer des fusils, des armes, beaucoup de ces fournisseurs, dis-je, avaient un très-maigre crédit.

Le gouvernement des Trois, dont M. Gambetta était le chef, le commandant, avait fait de fortes avances d'argent pour mettre les fournisseurs en position de solder leurs acquêts ; plusieurs de ces fournisseurs n'ont rien fourni, et ceux-là ont rendu service à l'Etat, les fusils achetés étant presque tous en très-mauvais état, impropres au service ; les cartouches peu nombreuses et souvent ne pouvant s'ajuster aux armes à feu achetées. Les pantalons et autres équipements, les souliers étaient des plus défectueux ; je crois que l'enquête parle de cartons intercalés dans les semelles des chaussures..... Les mobiles ainsi équipés et n'ayant été que fort peu exercés aux marches et manœuvres militaires, ont eu du mérite à lutter comme ils l'ont fait contre des ennemis beaucoup plus nombreux qu'eux, parfaitement disciplinés, bien nourris, souvent à nos dépens, et très-bien organisés. Nous avons vu des ouvriers qui, étant de la catégorie des vieux garçons ou mobilisés, ont été en garnison à Saint-Malo ; leur genre de vie, à ces mobiles, n'était pas du tout fatigant. Pendant les sept ou huit semaines qu'ils ont été au service, aussitôt l'appel terminé ils étaient libres d'employer leur temps comme ils l'entendaient ; ils allaient bras dessus bras dessous faire des promenades d'agrément au mont Saint-Michel et autres lieux ; ils n'ont pas eu à toucher un seul fusil, on n'a pas eu la pensée de leur apprendre à marcher, à marquer le pas, à faire des marches militaires...., et on appelle cela organiser une armée ?

Je crois fermement que l'ex-ministre de la guerre,

M. Gambetta, a grandement forcé son talent ; sa véritable vocation est de s'adonner entièrement à la haute éloquence emphatique. Qu'il tâche donc de donner une bonne direction à son éloquence ; mal dirigée, elle lui sera nuisible, ainsi qu'à son pays. Il n'a pas à craindre les monarchistes, ce sont ses amis les radicaux très-progressifs et despotiques qu'il doit redouter. L'amitié de M. Thiers ne le préserverait pas des charmants procédés avec lesquels les violents, très-violents démocrates savent se débarrasser de ceux qui les gênent, qui ne leur conviennent plus. La devise : *ôte-toi de là que je m'y mette*, est le principe des très-ardents révolutionnaires. M. Gambetta doit avoir conservé le souvenir de la férocité avec laquelle certains démocrates, actifs travailleurs du progrès fougueux, accéléré, ont fusillé un des rédacteurs du *Siècle*, qui assurait de tout cœur à ses bourreaux qu'il était un très-bon républicain. Pour réplique, ces personnages disaient à leur victime : tu nous ennuies avec tes cris de vive la République !

J'ai maintenant à parler des incroyables et nombreuses variétés d'opinions politiques de M. Thiers. M. Thiers est-il bien certain d'avoir une opinion politique ? Il a très-certainement une excellente opinion de lui. J'ai vu des prestidigitateurs qui, avec leurs boîtes à double fond, avec des mécaniques fort ingénieuses, exécutaient des tours très-variés qui éblouissaient le public ; ils étaient quelquefois bons chimistes, et aussi d'aimables causeurs. Leurs tours amusaient, intéressaient, instruisaient les enfants et parfois même les grandes personnes ; ils ne faisaient jamais de mal à personne. Je pense qu'il est permis de comparer les petites choses aux grandes. L'illustre M. Thiers exécute aussi ses tours politiques avec tant d'entrain, avec une apparente bonhomie si spirituelle, avec tant d'agilité spontanée, qu'il charme souvent une partie de son auditoire. Beaucoup d'autres auditeurs sont fort peu épris des finesses oratoires de l'ex-président ; ils pensent que si M. Thiers aime son pays, il a encore un amour plus prononcé pour sa personnalité. Pour le satisfaire complètement, cet amour, il se laisse guider beaucoup trop, peut-être sans s'en apercevoir, par son excessive et déréglée ambition. C'est, a-t-il dit, à la sueur de son front qu'il a gagné ses grades élevés, ses nombreuses décorations. Ayant été président de la République, et, on peut le dire, dictateur, le second rang ne peut plus lui convenir : la Chambre des députés ne l'a pas oublié.

Changer constamment d'opinion, aussi souvent que le vent du mois de mars change de direction, cela peut être trouvé très-spirituel par les amateurs qui aiment le changement, même lorsqu'il est désavantageux à leur pays ; manquer à sa parole, à ses engagements, toujours peut-être sans s'en apercevoir, cela devient plus sérieux et n'est pas très-fin. Il y a eu et il y a encore des hommes d'Etat, des diplomates d'un fort grand mérite qui ont été et sont convaincus que la politique loyale est décidément toujours la meilleure. Un gouvernement qui se respecte, qui adopte cette simple méthode, obtient facilement des alliés qui lui restent fidèles. Un chef d'Etat, un diplomate, un homme quelque habile, quelque spirituel, quelque capable qu'il soit, lorsqu'il a pour habitude de ne pas tenir ses promesses, n'inspire pas longtemps la confiance.

M. Thiers avait été nommé président de la République par tous les hommes d'ordre, par les légitimistes surtout : c'était bien le moins qu'il conservât une complète, une scrupuleuse neutralité entre tous les partis, comme il s'y était positivement engagé ; mais il se complaît à suivre les chemins tortueux. Après sa nomination à la présidence, il a sans hésitation annulé ses engagements avec les conservateurs. Il délaissa complétement les légitimistes à qui il était principalement redevable de cette brillante situation, qui le faisait presque l'égal des rois. Il sut agrandir son autorité qui ne tarda pas à être dictatoriale. Les hâbleries gasconnes se pardonnent, amusent quelquefois, mais manquer à sa parole, c'est grave, très-grave.

Comme les joueurs de tapis vert qui changent toujours leurs numéros, pensant pouvoir ainsi obtenir le bon, trèsjoyeusement M. Thiers change de camp, d'amis politiques, d'opinion (son plus ancien ami excepté) ; il lui est, à ce qu'il paraît, presque impossible de s'assujettir à conserver une croyance stable. Je me trompe, il lui arrive quelquefois de tenir avec un entêtement persévérant à ses idées, et précisément ce sont souvent les plus compromettantes qu'il poursuit indéfiniment.

Il paraît convaincu que la France ne peut se passer de lui. Il sème le désordre, et il croit faire de l'ordre et pouvoir arrêter à sa volonté les tempêtes qu'il a soulevées. Il a su se persuader et persuader à quelques-uns de ses clients, qu'il est complètement le seul instigateur de l'évacuation de la France, opérée par les Prussiens quelque temps, dix à onze mois avant l'époque convenue. Les Prussiens, au prix qu'ils l'accordaient, cette évacuation, tenaient infiniment à toucher le plus tôt possible capital et intérêts de l'énorme indemnité que nous leur devions. Jamais pareille somme n'avait été imposée par le vainqueur au vaincu.

La France a été si parfaitement organisée par M. Thiers, que les Allemands craignaient de voir surgir spontanément l'anarchie, avant les époques désignées pour la liquidation de notre dette et de ses intérêts. C'est que l'anarchie, les révolutions font divorce avec le crédit. De plus, un autre intérêt dominait les Prussiens, ils tenaient à pouvoir de suite améliorer, renouveler leur matériel de guerre. Rien ne leur était plus agréable que cette avance de payement. M. Thiers n'a pas su, quoique si fin, profiter de ce désir si prononcé qu'avaient nos ennemis d'encaisser tout l'argent que nous leur devions ; il n'a obtenu (ce qui est plus que rare dans une pareille position) aucune concession. Les sommes que lui et ses ministres s'étaient engagés à donner aux Prussiens pour n'avoir pas à les nourrir, ont été si largement fixées que nos ennemis ont pu faire de très grandes économies sur cette dernière solde. Ces bénéfices ont été, à ce qu'il paraît, distribués par grades à tous les hommes de l'armée prussienne restée en France. Ils ont dû, ces Prussiens, boire à la santé des bons et généreux Français, et surtout à celle de M. Thiers.

Les chefs allemands ont été très-satisfaits des procédés, des relations qu'ils ont eues avec l'ex-président : il en devait être ainsi, puisqu'ils y trouvaient leur avantage, et ceci explique, maintenant que notre rançon est payée, le désir ardent qu'ils ont de le voir revenir au pouvoir ; ils savent parfaitement quelles en seraient les suites pour notre pauvre patrie. Le règne d'un Napoléon serait également bien accueilli par la Prusse. L'empereur Guillaume se souvient de la manière brutale dont Napoléon Ier s'est conduit à l'égard de sa mère et de sa famille ; il veut bien pardonner l'offense, mais à une condition, celle de tirer bon parti de la nomination d'un Bonaparte. On s'explique et on se rend clairement compte du peu de sympathie que le roi de Prusse aurait pour l'arrivée au pouvoir de M. le comte de Chambord, qui déjouerait, sans nul doute, ses projets belliqueux et ambitieux.

M. Thiers, malgré sa très remarquable finesse, a été souvent forcé de quitter le pouvoir. Nommé quatre fois ministre et premier ministre du roi Louis-Philippe, son plus long stage au ministère a été de huit à neuf mois. Il n'aimait pas son prince et lui faisait souvent de fines hostilités ; il consentait volontiers à lui laisser son titre de monarque, mais il tenait, par-dessus tout, à gouverner la France.

Il ne me reste maintenant, pour faire connaître la versatilité du caractère de M. Thiers (caractère variable comme le baromètre), qu'à détacher de ses conversations, ses discours, quelques-unes de ses appréciations politiques. Avant sa nomination de chef des Français, se trouvant un jour à Bordeaux, dans son salon, avec un de nos plus éminents prélats, Mgr de La Vigerie, il lui tint à peu près ce langage : « Monseigneur, j'ai à me faire pardonner beau-
« coup de péchés de jeunesse ; j'ai combattu contre la
« souveraineté légitime, et le souvenir de sa chute, à
« laquelle je ne suis pas étranger, est pour moi un remords
« de tous les instants. L'orléanisme s'est montré impuis-
« sant ; il ne pouvait en être autrement, car il ne repose
« sur aucun principe et s'éloigne autant du droit divin que

« du droit populaire, malheureusement introduit dans nos « mœurs politiques. Le bonapartisme a été renversé par « les victoires de l'étranger, il est tombé sous le poids de « ses fautes. » La conclusion de M. Thiers sur la valeur de la république, est peu flatteuse : « Le gouvernement républicain, a-t-il dit, tourne ses adeptes à l'imbécillité et au sang. » Mauvaises recommandations. « Eh bien oui, « s'écriait l'ex-président, chef de la coalition républicaine, « le 29 novembre 1872, à la tribune de l'Assemblée, je « suis obligé de tout dire (quelle franchise ! admirons-la !) ; « vous n'êtes pas engagés, moi je le suis. Quand j'ai, moi, « monarchiste, qui ai toujours rêvé pour mon pays la mo- « narchie constitutionnelle, sous l'empire des circons- « tances, donné ma parole, je me suis engagé, je le répète ; « mais encore une fois, mon engagement n'est rien. » Il a parfaitement raison. « Que l'on me jette de côté, comme « ces instruments dont on se sert et que l'on abandonne « peu après s'en être servi, je ne me tiendrai pas pour of- « fensé. — Quelle bienveillance ! — Je n'hésite pas à le « dire : Si devant moi je voyais la possibilité de faire la « monarchie, et si on le peut, il faut me le dire, je vous « répèterais : J'ai pris un engagement, cela ne regarde « que moi, cela ne vous regarde pas ; et je laisserais faire « ceux qui pourraient restaurer la monarchie. Voilà, « messieurs, qui je suis. » Mais ce vieux disciple monarchique, pratique la république pour deux raisons, dit-il, parce qu'il s'est engagé et que, pratiquement aujourd'hui, il ne peut faire autre chose.

On ne peut nier que M. Thiers ne soit l'homme de France qui, sans employer les moyens exécrables des héros révolutionnaires, républicains de 1793, sans être terroriste, sait le mieux détruire, quand même, tout ce qui peut faire obstacle à son ambition déréglée ; mieux que qui que ce soit, il sait encore rattraper le pouvoir quand il lui échappe. Sans être méchant, cruel, il a fait et fera peut-être encore (quoiqu'il ne le veuille pas) beaucoup de mal à son pays. J'ai lu dans un journal, que M. Thiers avait serré ses bras sur la poitrine de M. Gambetta, jadis qualifié par l'ex-président, de *fou furieux :* on a même ajouté qu'il a pressé amicalement les mains du prince Napoléon. Ce serrement de mains, cette embrassade, ne ressemblent-ils pas un peu au baiser Damourette?

C'est bien, très-bien, de n'avoir pas de rancune. Ces messieurs s'étant jadis fort mal traités réciproquement, c'est bien, surtout si ces réconciliations sont dues à l'esprit chrétien. Auront-elles de la durée, ces réconciliations? Qui sait? Peut-être que M. Thiers voudra faire une bonne fin, peut-être se décidera-t-il enfin à abandonner les voies tortueuses, pour suivre la bonne route droite et ne plus s'en écarter? Qui sait encore si M. Gambetta ne sera pas tenté de suivre le bon exemple que lui aura donné M. Thiers? Ils sont, je pense, actuellement bons amis.

Lorsque le pouvoir du roi Louis-Philippe devint chancelant, M. Thiers, qui lui avait fait de l'hostilité, plus d'une infidélité, se présenta comme devant être son sauveur ; une seule séance de balcon devait suffire pour sauver son auguste protégé. On sait ce qui arriva. Il fut obligé de fuir rapidement devant la multitude, comme il l'appelait.

Quand, à sa très grande surprise, des circonstances imprévues le forcèrent de descendre brusquement du présidentiel pouvoir qu'il cherchait à conserver et même à rendre le plus possible césarien, il en fut fort affligé, quoique précédemment il affirmât continuellement que sa dignité lui était à charge, le fatiguait ; mais il n'en fut pas moins, dis-je, molesté d'être obligé d'y renoncer. Toutefois, il espère que ses nouveaux amis, qui l'ont accepté comme un cheval de renfort, s'empresseront de le rétablir sur son trône présidentiel. C'est, croit-il, le moins qu'ils puissent faire. S'il en était ainsi, elle pourrait bien être très-épineuse, cette deuxième couronne de président césarien ; il ne s'en tirerait peut-être pas à aussi bon compte qu'à sa première descente du pouvoir. L'incendie de son charmant hôtel eût dû l'éclairer sur ce que vaut l'amitié de certains montagnards et communards, qui n'ont pas toujours le cœur très-tendre. La roche tarpéienne est très-rapprochée, plus rapprochée que jamais du Capitole.

Espérons que notre président actuel, le très-illustre et très-loyal maréchal de Mac-Mahon, surnommé le Bayard des temps modernes, parviendra à faire renaître la glorieuse prospérité dont a joui jadis notre malheureux pays. Il a généreusement, sans vanterie, sur les champs de bataille, versé son sang pour sa patrie et n'hésiterait pas à lui sacrifier sa vie.

Maintenant, je reviens à la Révolution de 93, dite la Grande Révolution, qu'on nous représente sans cesse avec acharnement comme étant le modèle par excellence d'un gouvernement sage, l'âge d'or, que tout bon et patriote français doit accepter avec enthousiasme.

Voyons, avec la plus stricte impartialité, quels ont été les résultats que nous ont donnés en France les essais de gouvernements républicains; plus loin, nous nous entretiendrons des réussites qu'ils ont eues dans divers autres pays ; nous examinerons quelles sont les situations des républiques actuelles et l'avenir probable qu'elles obtiendront. Très certainement, il y a des républicains qui sont tout dévoués à leur patrie, et pour être bon républicain il faut être vertueux, aimer son pays quand même, avec un complet désintéressement.

J'avouerai que ces deux mots : *res publica*, la chose publique, sont fort attrayants; malheureusement, l'expérience a prouvé qu'ils exaltent les têtes, les passionnent. Le français a une grande disposition à s'émouvoir trop vivement : il ne faut pas jouer avec le feu, surtout lorsqu'il est très-animé. Je me souviens de m'être trouvé à table d'hôte avec un républicain qui, pour le moins, était de la troisième couche; il pensait que ce qui perdait la France, c'est qu'on ne faisait pas connaître assez aux Français leurs droits : quant aux devoirs, il ne devait pas en être question. Cet excellent citoyen, ancien acteur, gagnait beaucoup d'argent dans les séminaires, non en parlant de leurs droits à ceux qui l'écoutaient, mais en leur donnant des leçons de déclamation.

La licence semble être le partage, l'attribut de la population ouvrière urbaine ; même aux champs, où l'on est disposé à penser que ceux qui les cultivent sont plus calmes que dans les villes, beaucoup de cultivateurs, d'artisans, de propriétaires, croient que sous le régime de la république tout est permis.

Comme ceux d'aujourd'hui, les républicains de 93 étaient très-désunis : les modérés ont été persécutés par les Girondins, les Girondins députés, qui généralement étaient très-instruits, très-intelligents, furent tous massacrés, disons condamnés à mort et exécutés dans une seule nuit; les Montagnards s'entretuèrent : c'est le plus grand service qu ils pouvaient rendre à leur pays. Cet amour effréné du radicalisme porté à son apogée, finit par tourner à la folie atroce. Selon les solides républicains, il faut purger largement la France, non-seulement des suspects qui ne partagent pas assez complètement leurs horribles doctrines, mais à plus forte raison de ceux qui les combattent et les réfutent.

J'ai entendu, à Tanger, un de nos fanatiques dire résolûment qu'il tuerait père, mère, enfants, sans aucune hésitation, sur l'ordre de son général Garibaldi. Dernièrement, je lisais dans un journal de département, qu'un président de Conseil général vantait tous les bienfaits que prodiguait le gouvernement républicain ; entre autres avantages, il citait celui d'avoir des fêtes presque quotidiennes. Ces messieurs de la très-haute école démocratique trouvent cependant fort extraordinaire qu'on permette aux catholiques de célébrer les leurs.

Véritablement, les fêtes des catholiques ne ressemblent en rien à celles des révolutionnaires; autant les premières, qui se font dans les églises, et les processions dans les rues, sont morales et calmes, autant les dernières sont bruyantes et assez souvent fortement avinées. Il y a surtout une fête qu'affectionnent particulièrement les démocrates ardemment progressifs et très-foncés, ils croiraient se déshonorer, se déconsidérer, s'ils ne la fêtaient pas avec fracas, avec la solennité la plus éclatante ; cette fête politique se célèbre en honneur de la prise de la Bastille, fort mal gardée par quelques soldats indisciplinés. Les vainqueurs révolutionnaires ont tiré très bon parti de la destruction de cette fameuse prison. Il me semble voir encore les quasi-prétendus cadavres des cinq prisonniers qu'on trouva enfermés dans ce pénitencier. Les gravures, plus tard les photographies appendues à l'étalage de certains boutiquiers, représentaient ces prisonniers avec des figures crispées ; leurs os étaient assez saillants pour percer leur peau ; leurs jambes amaigries paraissaient ne plus avoir la force de soutenir le poids de leur maigre corps. Ces prisonniers étaient très convenablement traités, sous tous les rapports. Voici quelques détails sur l'emprisonnement de ces cinq reclus : deux d'entre eux avaient été enfermés à la Bastille pour folies antérieures à leur entrée dans cette prison ; deux autres, ayant eu une conduite plus que déréglée, y avaient été momentanément incarcérés sur la demande de leurs parents, et le cinquième méritait la punition qu'on lui avait infligée. Les Montagnards avaient le cœur très-tendre lorsqu'ils trouvaient intérêt à ce qu'il en fût ainsi ; tous les moyens leur paraissaient bons à employer lorsqu'il s'agissait d'étayer leur chère république.

Après la destruction de la Bastille, on devait croire que les chefs de la Montagne auraient une haine tellement prononcée contre les incarcérations, qu'ils allaient s'empresser de faire disparaître toutes les prisons. C'est positivement le contraire qui arriva ; ils firent construire promptement un très-grand nombre de ces tristes établissements, on les multiplia à l'infini ; ils servirent de cachots aux nombreux suspects, dont on se débarrassait quotidiennement, soit en les fusillant, soit en les noyant, ou en les livrant aux exécuteurs des hautes œuvres. Oh ! quel joli temps ! et que les gouvernants d'alors étaient libéraux et bienveillants ! Nous l'avons vue, hélas ! revenir, cette époque ; si la Commune de 1871 eût eu plus de durée, il se fût peut-être commis plus de massacres que sous le régime de la terreur.

Sur la moindre dénonciation d'un voisin haineux, du premier venu, qui vous accusait de n'être pas un franc patriote, et surtout d'être un espion (qualification qui a été si funeste à tant de familles), on était incarcéré, et, l'incarcération, c'était la mort !

L'entretien du matériel des prisonniers et leur nourriture étaient peu coûteux ; quelques planches formaient leurs lits, quelquefois on donnait à ces malheureux, dans leurs galetas, un matelas, une couverture à moitié déchiquetée, de couleur indéfinissable : la paille était presque toujours préférée aux matelas. On distribuait à chacun d'eux et par jour, une livre, quelquefois trois quarts de livre d'un pain très défectueux dont ils conservaient autant que possible une partie pour le repas du soir. Malheureusement, de nombreux rats qui pullulaient dans ces cellules, étaient si friands de cette réserve, qu'il devenait très-difficile de la conserver intacte. L'eau que l'établissement fournissait à ses clients était positivement prise dans un puits où on jetait toutes leurs immondices. Au fait, qu'avait-on besoin de nourrir convenablement des hommes qui, le lendemain de leur arrivée, devaient presque toujours être livrés aux bourreaux. Quoique né dans le siècle dernier, je n'ai pu avoir l'avantage de tâter du doux régime des prisons, que réservaient, en attendant mieux, à leurs victimes, les Montagnards, les vrais amis du peuple.

Mon excellent et vertueux père a été assujetti à cet abominable régime. C'est lui qui, sans acrimonie, m'a raconté ce qu'il avait eu à souffrir dans son cachot. Chaque matin on venait faire l'appel nominal de tous les proscrits et on lisait les noms des malheureux qui allaient pour toujours sortir de leur prison, et pour lesquels l'heure fatale avait sonné. Les victimes ainsi désignées ne s'abusaient pas sur leur sort, elles savaient qu'on ne tarderait pas à les livrer aux bourreaux. Ceux que la sentence désignait pour faire partie de cet affreux cortége, embrassaient leurs compagnons d'infortune, leur serraient amicalement les mains et les quittaient avec courage.

Pour se donner quelques récréations, les prisonniers cadençaient quelques paroles sur un air des plus enfantins : paroles et air se valaient. Cet air était noté à leur façon ; ces notes représentaient des pelles, et ils chantaient : « Pelle noire, pelle blanche, pelle avec son petit manche, et « l'autre qui n'en a guère. » Ces chanteurs étaient des hommes graves, très instruits, et généralement d'une très-agréable et très-bonne société.

Vous, républicains de la plus belle eau, des plus avancés, des plus progressifs, à qui il arrive quelquefois de faire un merveilleux éloge des révolutionnaires de 1793, que vous nommez vos pères vénérés, serait-ce une indiscrétion de vous demander s'ils s'appellent Marat, Danton, de Robespierre, Carrier, etc. ? Considérez-vous comme étant vos pères tous les septembriseurs montagnards et communards de la troisième et de la quatrième couche ? Consentiriez-vous à suivre leurs exemples, à marcher sur leurs traces, qui sont empreintes de sang ? Vous diriez non, sans doute.

J'ai sous la main deux charmantes copies épistolaires, écrites par des révolutionnaires de l'espèce la plus sanguinaire. Ils se racontent gentiment quelles sont les méthodes qu'ils emploient pour rendre la justice, et se débarrasser des suspects avec le plus d'accélération possible. Franchement, je plaindrais fortement les personnes qui n'auraient pas horreur des agissements du citoyen Le Batteux et du fameux Carrier, de Nantes. — « Ça va, mon digne représentant, écrivait de Saumur le citoyen Le Batteux à l'estimable Carrier, le 16 frimaire an II, ça va presque aussi crânement qu'à Nantes ; je fais rôtir les aristocrates, et toi tu les noies : je suis donc plus chaud que toi. Avril est un excellent sans-culotte, mais son ami Throuard voudrait un peu s'opposer à mes justices nationales ! Ce crapaud du marais ne m'intimide guère. Je sais que nous sommes appuyés par le Comité public, il faut régénérer l'espèce humaine en épuisant le vieux sang ; tuons toujours, il restera encore trop de préjugés, de sottises infectes de la lèpre papale, monarchique. » — Quelle régénération ! — Burondel écrivait aussi au citoyen Francastel, 21 nivôse an II : « Selon tes ordres, mon représentant, nous condamnons tous les jours des tas de soutiens de Pitt et Cobourg ; il y en a qui ont le front de demander les preuves que la Nation a contre eux. La Nation a supprimé les abus de l'ancien régime. » — Ces condamnés étaient coupables parce que ces bourreaux le voulaient, ils mouraient sur l'échafaud, parce qu'ils étaient riches, voilà tout. « En attendant, on tue, bon jour, mal jour, de 60 à 80 hommes hostiles ; encore quelques saignées et la Nation sera rafraîchie. » — La proscription se poursuit même au-delà du régime de la Terreur ; sous le Directoire, les hommes les plus distingués, les députés les plus entourés de l'estime publique, étaient proscrits.

Vous n'hésiterez pas sans doute, vous radicaux, même très-prononcés, très-progressifs, à répudier de si horribles personnages ; vous ne les reconnaîtrez pas comme étant vos pères, ou si vous avez le malheur d'avoir réellement pour aïeux de tels hommes, vous n'en parlerez pas. Un brave et loyal général, jadis président de la République, et qui descendit si noblement du pouvoir, eut l'idée malheureuse de louer à la tribune nationale la conduite d'un de ses parents qui, entraîné par les très-mauvaises tendances de l'époque à faire le mal, avait quelques violences révolutionnaires illégales à se reprocher. L'effet de la défense fut mauvais. Ce général, sentant qu'il y a certains actes qu'il faut faire oublier en n'en parlant pas, ne chercha plus à disculper son allié.

Les fameux Marat et de Robespierre, ex-monarchiques, ont tous deux écrit et adressé au roi martyr des lettres des plus flatteuses, des plus élogieuses. Chefs renommés du terrorisme, ils n'ont pas joint à leurs sanglantes et nombreuses exécutions, comme l'ont fait ceux de nos jours en mai 1871, les incendies de rues, de maisons, de monuments, de notre belle capitale : il est vrai qu'en 1793 le pétrole n'était pas connu ; Marat et de Robespierre n'ont pas inventé les arrestations d'otages ; cet honneur était réservé aux radicaux hideux de notre récente révolution, desquels nous ne sommes pas certains d'être délivrés.

Il paraît que les excitateurs, les meneurs, qui s'adonnent au genre massacreur, terroriste, se grisent à la vue du sang et prennent un plaisir extrême à le verser ou à le faire verser à flots avec un infernal entrain. La dernière Révolution a eu, comme ses sœurs aînées, des scènes de hautes cruautés, ses fusillades d'otages sans précédent, d'hommes pris au hasard dans toutes les classes, dans tous les rangs, sans raisons, sans jugement préalable. Leurs bourreaux, en les conduisant au fatal poteau où ils les fusillaient, les assaillaient d'ignobles plaisanteries; quelques-unes des victimes ont même été tuées, dit-on, au tir avec le pistolet qu'on tenait à essayer; quelquefois on les faisait sortir de leurs cellules, et à mesure qu'ils défilaient, les prisonniers recevaient le coup mortel par des gardes nationaux apostés tout exprès: assez souvent on les pillait, l'argent, les bijoux, n'étant plus nécessaires à celui qu'on tue. Il est une remarque qu'il n'est pas..... ce me semble, inutile de faire: sauf exception, ce sont ceux-là même qui demandent l'abolition de la peine de mort et qui insistent le plus fortement pour que cette disposition soit introduite dans nos lois, qui respectent le moins la vie des autres hommes.

Comme l'a dit si bien M. Karr, c'est une excellente idée de demander l'abolition de la peine de mort; mais cette abolition ne peut avoir, de la part des assassins, aucune valeur réelle qu'autant qu'ils en donneront les premiers l'exemple.

Les incendiaires de 1871 ont vivement regretté que l'illustre maréchal de Mac-Mahon et ses dignes lieutenants ne leur aient pas laissé le temps d'achever leur œuvre de destruction (c'est-à-dire, de brûler, réduire en cendres la belle capitale, Paris). Pendant que les Allemands faisaient le siége de cette reine du monde, on a souvent entendu dans ses murs des hommes qui, au chant de la *Marseillaise*, entremêlaient des cris de: *Vive les Prussiens!* On a vu encore une masse compacte de citoyens qui se disaient républicains, fomenter continuellement (étant armés) de fortes et violentes émeutes contre les vrais défenseurs de notre malheureuse patrie. Cette horde d'émeutiers était, a-t-on dit, de cent à cent trente mille combattants, qui se gardèrent bien de tourner leurs armes contre les Allemands, avec lesquels ils cherchaient à entretenir de bonnes relations. Après la conclusion des préliminaires de paix, ils s'en servirent d'abord avec succès, contre l'armée de Versailles ; mais bientôt la cause de l'ordre eut raison de ces féroces révolutionnaires.

La petite armée des bons patriotes qui dans la capitale tenait tête aux assiégeants, était de beaucoup trop faible pour maintenir dans l'obéissance ces fougueux exaltés, et lutter avec succès contre les ennemis extérieurs dont le nombre augmentait chaque jour. Il était impossible, dans les conditions où elle était placée, que la France espérât, suivant son habitude à peu près constante, pouvoir sortir victorieuse d'une lutte si inégale.

Carrel, type parfait des honnêtes et intelligents républicains, disait sous la Restauration : « Ce que je crains le plus, c'est la queue de mon parti. » On a remarqué que les plus mauvais sujets, les hommes véritablement déclassés, se disaient tous républicains ; c'est fâcheux pour ceux qui ont de la loyauté, de la dignité. On prête à M. de Bismarck cette réflexion : « Maintenant que les Français tournent à la République, je n'ai plus à m'en occuper ; » donc il craint le rétablissement de la royauté légitime ; on lui attribue encore cette expression : « La République est un train rapide qui mène de la Bastille à la barrière du Trône. » Elle conduit aussi directement à la misère....

Sous le règne du premier empereur, un assez grand nombre de républicains, que leur bonne mère la République avait oublié de dévorer, acceptèrent volontiers du grand, et alors brillant despote, les plus belles places dans l'Etat. Les titres, les armoiries, les décorations (surtout celles qui étaient entourées de diamants que leur concédait généreusement Napoléon) leur allaient parfaitement ; les places de sénateurs leur étaient on ne peut plus agréables. A leur entrée dans les villes, revêtus de cette dignité sénatoriale, on tirait le canon en leur honneur. La chanson :

> Ah ! Monsieur le sénateur,
> Quel honneur !

les flattait infiniment. Propriétaires de beaux carrosses, avec cochers, valets largement galonnés, ils étaient devenus auprès du maître ses sujets les plus soumis, les plus obéissants, jusqu'à sa déchéance. Le pouvoir une fois tombé n'est plus encensé; on en est arrivé à dire qu'on prête un serment, mais qu'on ne le donne pas. Ou bien encore : « J'ai servi fidèlement la République, elle est partie, ce n'est pas ma faute ; tant pis pour elle si elle n'a pas su se maintenir au pouvoir. »

Jadis on a représenté en caricature un homme d'un âge mûr qui, une lanterne à la main, demandait aux passants : « Pourriez-vous bien me dire où sont messieurs les légitimistes? » Très-certainement, avec beaucoup plus de raison, on eût pu sous l'Empire faire cette question : Pourriez-vous m'indiquer ce que sont devenus les citoyens républicains? Alors, véritablement, il n'en était plus question ; on ne pouvait plus rencontrer un de ces amateurs de la grande révolution de 93, et s'en vantant.

L'excellent M. de Robespierre, personnage incompris, disent ses partisans, mais que ses nombreuses victimes n'avaient que trop compris, a été ce qu'il pouvait être à son époque anti-progressive ; ses projets, ses actions devaient se ressentir de l'obscurcissement stupide, pervers, de son siècle.

Tous les plus vaillants montagnards, septembriseurs, terroristes, sont maintenant considérés par les socialistes internationaux comme étant presque des arriérés ; si leurs dignes fils ont conservé quelque estime pour ces champions de la Terreur, c'est parce qu'ils ont été les précurseurs de la révolution sociale. Il ne s'agit plus maintenant de s'occuper du mode de gouvernement républicain qu'on doit adopter, cette recherche est futile : le progrès devant toujours marcher rapidement, sans arrêt, il faut faire complètement table rase ; nos vieux bagages sont bons à jeter à la mer. Répétons avec M. Naquet, un des illustres députés de l'extrême gauche : « La République, c'est un provisoire quotidien, continu, et qui sans relâche doit faire progresser l'humanité. » Je n'insisterai pas pour réfuter cette funeste maxime.

Il était très-équitable, très-logique, très-juste, toujours selon messieurs les libéraux révolutionnaires anarchiques, de prendre aux suspects tout ce qu'ils possédaient et dont ils auraient fait d'ailleurs un très-mauvais usage. Robespierre a eu le tort de rendre responsables les communes des prises, des pillages effectués par de braves citoyens révolutionnaires pour le bien du pays et le leur. Aucun incendie n'a été, je crois, commandé par l'estimable chef terroriste et ses dignes collègues : c'est encore une très-grave, déplorable faute commise par ces niveleurs.

Robespierre, après avoir créé le gracieux, agréable culte de la jolie déesse de la Raison, qu'il avait installée dans les églises, n'a pas craint de renier son œuvre édifiante ; il a permis aux Français de croire au Dieu qui est assez méchant pour châtier ceux qui l'offensent : quelle ânerie ! quelle coupable faiblesse ! Il enlevait ainsi aux athées, aux braves et intelligents matérialistes, la liberté de conscience. Elle est si consolante, cette pensée, que tout meurt avec nous, que c'est un crime de troubler l'athéisme. N'est-il pas excessivement satisfaisant d'avoir la persuasion, l'assurance qu'à notre mort notre carcasse a tout juste la valeur de celle du chien? Comme c'est consolant de croire qu'il faut renoncer à tout espoir de revoir dans un monde meilleur nos parents, nos amis.

Il y a eu, et il y a encore un assez grand nombre d'érudits qui, pendant toute leur vie, ont cherché, aussi péniblement qu'inutilement, à découvrir, à prouver que la race humaine a été engendrée par les singes ; depuis des centaines d'années, ce travail est poursuivi de génération en génération avec l'ardeur la plus acharnée, la plus persévérante, et sans que les amateurs du matérialisme aient obtenu la moindre apparence de succès. Si l'un de ces grands travailleurs des pensées déréglées parvenait à découvrir, ce qui est impossible, que nous sommes les descendants d'animaux perfectionnés, avec l'honnête Pâturot venant d'obtenir les épaulettes de capitaine d'une compagnie dans la garde nationale, l'érudit s'écrierait : Oh, c'est bien le plus beau jour de ma vie ! Mourir, et découvrir qu'on a dans ses veines du sang d'un singe et de madame sa guenon, ce n'est pas trop payer une telle découverte, un tel honneur ! L'illustre Cuvier, qui n'était pas du tout matérialiste, avait pour collègue, raconte-t-on, un académicien qui lui fit la proposition suivante : « Passez-moi l'engendrement de l'homme par le singe et je vous ferai des concessions sur d'autres phénomènes du même ordre. » La demande fut repoussée.

Les plus savants, ou qui croient l'être, se trompent souvent. Jadis un grand nombre d'érudits rirent beaucoup de l'aplomb avec lequel Moïse assure que Dieu créa la lumière, puis fit le soleil ; ils ignoraient que le monde, à sa formation, était en ignition : la réverbération des flammes l'éclairait ; ils riaient complétement à faux : Moïse était plus instruit qu'eux.

Croire qu'il n'y a que Dieu qui ait pu être le créateur de tous les êtres vivants de l'univers, on le comprend autant qu'il est possible de comprendre un mystère que nous ne connaîtrons jamais en ce monde. Dire que la matière, par cohésion spontanée, a tout simplement été créatrice du ciel et de la terre et de tout ce qui a vie en ce monde, c'est positivement une incroyable croyance, adoptée cependant par un grand nombre de républicains solidaires et autres. Le sceptique Voltaire, qui n'était pas matérialiste, ne se fût pas cru en sûreté s'il eût été entouré de domestiques athées. Vouloir expliquer chimiquement la création de l'homme, c'est tenter l'impossible.

A l'époque du Moyen-Age on avait institué une corporation de *missi dominici*, ou envoyés du maître : on trouvera peut-être que cette dénomination est très rétrograde ; ces envoyés du maître avaient charge d'aller de côté et d'autre s'enquêter auprès des administrés, s'ils avaient à se plaindre de l'autorité, de leurs magistrats, de leurs chefs : cette institution ne devrait pas, il me semble, être trouvée très-barbare. Les *missi dominici* ont été remplacés par de nombreux envoyés d'un tout autre genre ; sous le second Empire on a tiré grand parti de ces émissaires ; une pareille association s'adapte parfaitement aux gouvernements plébiscitaires. Les envoyés de ce genre ont pour mission d'accaparer autant que possible les bulletins des électeurs, ils leur présentent, leur lisent la liste des candidats lorsqu'il s'agit d'élections à la députation ou autres, et s'efforcent avec persévérance de convaincre leurs auditeurs que dans leur intérêt, dans celui de leurs familles, dans celui de leur patrie, c'est un devoir pour eux de bien voter ; au besoin promesses et menaces sont tour à tour prodiguées à l'électeur : la voix du peuple ainsi escamotée n'est pas du tout celle de Dieu. Ces émissaires ont généralement beaucoup de ce qu'on est convenu d'appeler vulgairement du *bagoul* ; pour utilité publique on leur fournit des ouvrages qui sont souvent loin d'être remarquables par leur impartialité et leur valeur littéraire : dans ces ouvrages on s'ingénie à dénaturer, déprécier, autant que possible, la si belle histoire de notre nation et à monter, exalter les têtes des électeurs par des récits mensongers. On dirait que pour paraître bon citoyen, bon patriote, il faille à tort et à travers abaisser, dégrader tout ce que nos rois, nos pères, nos prédécesseurs ont fait de glorieux, d'utile. Les émissaires, lecteurs assidus de la prose révolutionnaire, sont largement payés par leurs patrons qui leur donnent l'ordre, la mission de mésuser autant que possible de la crédulité des habitants de la campagne ; ils les poursuivent jusque dans leurs foyers et surtout dans les cabarets, les auberges, les cafés : c'est là qu'ils sèment les calomnies les plus perfides. On dit que les Français sont spirituels : c'est très-flatteur ; les habitants de la campagne ont certainement l'esprit fin, mais occupés presque constamment de travaux pénibles et variés qui fatiguent les poignets, et quoiqu'on en dise, également la tête, ils sont disposés à accepter comme vrai ce que leur racontent continuellement les envoyés qui sont payés pour les tromper. La plupart des cultivateurs ne savent pas lire, c'est un malheur; ceux mêmes qui ont reçu une certaine instruction sans une bonne éducation sont autant à plaindre que les illettrés, et je dirai, plus à plaindre, parce qu'ils seront très-portés à s'adonner à la lecture de livres malsains écrits dans un sens attrayant, mais démoralisateur, anti-social. Voltaire a dit : Mentez, mentez toujours, calomniez, et il en restera quelque chose : j'ose ajouter qu'il restera beaucoup de choses et des plus mauvaises. J'ai connu un très-aimable causeur qui finissait par croire tous les mensonges anodins qu'il débitait avec verve et entrain.

Les ouvriers de la campagne sont généralement crédules au-delà de toute expression, les émissaires dont je viens de parler profitent de cette excellente disposition dans toute la mesure du possible; ils les convainquent facilement que leurs curés peuvent à volonté faire tomber la grêle; comme ce fléau reparaît souvent, c'est un moyen efficace pour les faire prendre en haine par leurs paroissiens.

Beaucoup d'autres personnes, placées dans une toute autre position, ont le malheur de partager des croyances aussi excentriques. Il n'est pas rare de rencontrer dans les villes de belles et aimables dames et des hommes de haut rang, ayant reçu une bonne instruction, qui se croiraient perdus s'ils se trouvaient treize convives à table; un couvert mis en croix, une salière renversée, sont considérés comme de mauvais pronostics ; l'homme le plus gourmet, s'il a le malheur de croire à ces préjugés, s'empresse quelquefois de fuir la table à treize convives, la mieux garnie de mets succulents; les personnes crédules, qui s'efforcent de repousser de telles frayeurs, font alors de très mauvaises digestions. Un receveur général des sommes que rapportaient à Paris les trois ponts sur lesquels il fallait, pour y passer, payer cinq centimes, m'a assuré que les vendredis (jours de malheur) les recettes étaient pour le moins un tiers plus faibles que celles des autres jours. Maints parisiens (si spirituels et civilisés) craignent d'engager des affaires le vendredi, considéré comme jour néfaste. Il est encore à remarquer qu'assez souvent, plus on est indifférent en matière de croyances religieuses, plus on s'efforce d'être athée, plus on croit aux sortiléges, aux mauvais pronostics, moins on croit ce qu'il faudrait croire, et *vice versa*. En Europe et au-delà, il est admis que lorsqu'on bâtit une maison à neuf, on doit s'attendre à apprendre dans l'année la mort de quelques membres de la famille ; l'inconvénient est évité en achetant un vieux bâtiment dont on conserve une partie sur laquelle on construit la nouvelle habitation. Je me suis trouvé avec un général remarquablement brave dont la femme avait la ferme croyance que je viens de citer ; désirant être confortablement logés, ils achetèrent une maison mal construite qu'ils rebâtirent, ayant soin d'en conserver une partie pour chasser le mauvais sort attaché à une construction neuve ; le général me parut n'être pas éloigné de partager l'opinion de son épouse : l'influence conjugale la lui avait probablement inculquée.

Toujours est-il que l'influence des nombreux émissaires qui parcourent sans relâche toute la France, au nord comme au midi, va toujours en augmentant ; le métier est bon surtout aux époques où se font les élections ; un émissaire madré, assez habile pour faire partager ses idées aux électeurs campagnards, se paye très-cher, et le prix de ses services augmente sans cesse. Un candidat à la députation ou autre emploi qui est muni d'un tel personnage, sauf quelques rares exceptions, est certain, dans la lutte électorale, de remporter la victoire ; l'émissaire enjôleur a d'abord quelque peine à capter la confiance des masses, car généralement les habitants de la campagne tiennent fortement à leurs idées, quelles qu'elles soient ; mais lorsqu'il est parvenu à son but, son autorité sur eux n'a plus de bornes ; tout naturellement ses enjôlés deviennent ses amis soumis, obéissants. A son arrivée au café, au cabaret, on s'empresse, on est fier de lui serrer la main, on fait cercle autour de lui pour écouter sa parole, ses narrations, quelque fausses qu'elles puissent être. L'éloquence de ces orateurs bavards est parfaitement appropriée aux goûts de leurs auditeurs ; ils paraissent si certains d'être les dispensateurs heureux des bulletins électoraux, qu'il leur arrive de dire aux candidats qui sollicitent leur appui : il est trop tard, je vous aurais aussi volontiers fait nommer député, conseiller général, maire, etc., que M. un tel, à qui j'ai promis mon concours pour arriver à l'Assemblée législative ; une nation dans laquelle de tels personnages ont une si grande influence, est bien malade.

Il est dur de s'adresser à de tels protecteurs pour obtenir des fonctions qu'il est si désirable de voir remplies par des personnes dignes, désintéressées, dévouées. On doit remercier ceux qui ont le courage de ne pas dédaigner une pareille protection, et peuvent ainsi rendre service à leur patrie. Les racoleurs d'électeurs indigènes, de la localité, sont maintenant quelque peu républicains ; mais leur zèle pour défendre leur opinion est infiniment moins prononcé que celui de leurs nombreux collègues, les socialistes, les internationaux, etc. Les premiers sont très-disposés à vendre leur influence à prix rémunérateur, disons au plus offrant, se trouvant bien de ce commerce lucratif ; les autres ont une ambition plus grandiose, ils sont par-dessus tout archi-révolutionnaires, internationaux, et tiennent à faire de l'univers entier une seule nation indivisible ; il n'y aura plus ni douanes, ni impôts, etc., nous vivrons tous en frères qui s'aiment tendrement ; ce qu'ils veulent, c'est non-seulement une égalité complète devant la loi, comme cela devrait et doit toujours être, mais en tout : ainsi, ce qui a de la valeur devra être partagé ; quant aux hommes qui sont grands ou petits, capables ou incapables, forts ou faibles, robustes ou souffreteux, valides ou infirmes, droits ou courbés, beaux ou laids, on avisera à faire disparaître plus ou moins promptement ces inégalités. L'égalité devant la loi est un droit, la vouloir ailleurs, c'est une malheureuse pensée aussi déraisonnable que déplorable. Malheureusement pour notre pauvre pays, les républicains dits modérés, les doux républicains qui tiennent absolument à républicaniser quand même la France, sont forcés, pour atteindre leur but, de s'allier à leurs collègues dont les opinions sont fortement accentuées ; arrivés les uns et les autres au pouvoir, objet de leur convoitise, ils ne s'entendent plus entre eux ; les plus modérés sont bientôt débordés par la partie la plus remuante, par leurs électeurs dont ils reçoivent les ordres, et quels ordres ! On dit que les monarchistes, les légitimistes sont désunis ; les républicains le sont bien autrement. Si nous en faisons la nomenclature, le classement, nous voyons les républicains très-violents, ceux qui le sont moins, les modérés, ceux qui ne le sont que de la veille : M. Gambetta, lui-même, a reconnu qu'il y en avait au moins quatre couches ; il est modéré dans son appréciation : nous avons les internationaux, les socialistes, les partageurs, vulgairement appelés partageux, personnages qui désirent faire table rase de nos institutions, qui ne veulent aucune organisation, pas même celle de la République : l'anarchie est leur charte ; ceux-là sont plus nombreux qu'on ne le pense, et parmi eux il y en a qui manient lestement, avec verve, la plume. La République établie, il ne se passerait pas quelques semaines sans qu'à plein gosier on criât cette fameuse cantate : Ça ira, ça ira, à la lanterne les aristos, à bas les riches, les calotins, les espions ! Sous ce gouvernement on fait facilement de nombreuses victimes, on satisfait lestement sa haine...

Quelques mots maintenant sur *les partageux*. En admettant (ce qui est impraticable, impossible) que ce partage puisse être effectué, dès le lendemain de ces essais, ils seraient à recommencer, les parts n'étant plus égales : les insouciants, les paresseux, les joueurs, ceux qui cherchent à satisfaire toutes leurs passions, ceux qui manquent d'intelligence (et il y en a même en France) ceux qui s'abrutissent par l'usage immodéré du vin, des liqueurs, etc., dissiperaient promptement la très-petite propriété qu'ils auraient eue en partage ; à chaque naissance, à chaque décès il faudrait recommencer les morcellements ; ce travail serait permanent, puisque dans l'univers il ne se passe pas un demi-quart de seconde où l'on ne compte par dizaines ces évènements si différents : l'entrée de l'homme en ce monde, et sa sortie. Presque toujours, à la ville comme à la campagne, ce sont les ouvriers les plus robustes, les plus habiles, dont les travaux sont le plus souvent le mieux rémunérés, qui deviennent les plus nécessiteux.

A Paris, dans les faubourgs, on voit les ouvriers affluer dans les cafés, les buvettes, les cabarets, les hôtelleries ; les rues sont tellement encombrées d'individus plus ou moins avinés, qu'on les traverse très-difficilement ; ils passent le dimanche, le lundi et même une bonne partie de la semaine dans tous ces établissements, ces tavernes ; ils y restent jusqu'à ce que tout leur argent et leur crédit soient épuisés ; ils appellent cela faire la noce. A l'époque des élections, on fait aussi la noce, qui finit faute de monnaie ; fatigués, exténués, ces ouvriers rentrent chez eux, dorment un peu, se rendent ensuite chez le patron, reprennent leur travail, prêts à recommencer la manœuvre du cabaret, la noce ! C'est pendant ces jours de débauches qu'on amène aux hôpitaux le plus de malades. Ils aiment aussi le spectacle, surtout les *drames*, où figurent de grands criminels, le poison, le poignard ; quels bons exemples ils donnent à leurs familles, à leurs enfants qu'ils délaissent, hélas ! assez fréquemment, dépensant en plaisirs l'argent qui devrait servir à acheter du pain ! Comme les femmes sont heureuses avec de tels maris ! Dégoûtées du ménage, assez souvent elles finissent par contracter les tristes et funestes habitudes de leurs époux.

Fort heureusement, il y a beaucoup d'ouvriers qui mènent un tout autre genre de vie ; les cercles catholiques pourront contribuer à réfréner la conduite des faiseurs de noces : pour eux, pour leurs familles, pour leur pays, c'est bien à souhaiter qu'il en soit ainsi. Cette passion de la débauche est tellement invétérée, prononcée, chez certains hommes, qu'un établissement dont on avait vidé les caves en renversant dans le ruisseau 80 barriques remplies de petit vin bleu, entièrement fraudé, n'en était pas moins le dimanche suivant rempli de ses anciens clients.........

On a calculé, en supposant qu'il fût possible de faire un partage à peu près exact de tout ce qu'il y a de valeurs mobilières, d'immeubles de tout genre, sur le territoire de la France, il reviendrait à chaque Français 60 francs, d'autres disent 75 francs ; admettons, pour faire grandement ces calculs et contre toute vraisemblance, que le chiffre monte à 150 francs, et qu'il représente le revenu et non le capital supposé : que peut-on entreprendre avec un pareil résultat, et que deviendrait réellement la nation qui aurait la folie d'y adhérer? La terre est de qualité plus ou moins différente : c'est la règle commune, générale; un arbre n'est pas l'égal d'un autre de la même espèce, placé auprès de lui, dans les mêmes conditions; il en est de même pour tout ce qui existe en ce monde. Plus de la moitié de notre territoire est de deuxième, troisième, quatrième qualité ; certaines parties sont même complètement stériles, il y a des terrains élevés, isolés, où les céréales, le seigle, coûte à produire 30 fr. l'hectolitre. Avec des disproportions si grandes de rendements, comment serait-il possible d'effectuer des parts d'égales valeurs entre tous les Français, des cités et des campagnes ? Il y a en France de onze à douze millions de propriétaires de terres; le morcellement va toujours en se développant ; on prévoit que le sol deviendra très-difficile à cultiver s'il continue, comme dans certaines localités, à être morcelé en damier, en mosaïque ; on perd beaucoup de temps en le cultivant, à cause du déplacement qu'occasionne chaque parcelle, et de la distance qui les sépare les unes des autres ; les frais de main-d'œuvre sont considérables, les transports d'engrais très-dispendieux, et on arrive par cela même à ne pas renrer dans ses déboursés ; quelquefois même le peu d'étendue d'une parcelle, exige la culture à la bèche ; c'est un genre de travail excessivement coûteux ; de plus, les grains ne réussissent pas aussi bien que dans les terrains cultivés à la charrue. Un terrain compacte, fort, de grandeur convenable, de première ou deuxième qualité, qui paye le plus d'impôts, dont les prix de location et de main-d'œuvre sont le plus élevés, est celui qui, sauf de très-rares exceptions, peut produire du blé et autres grains, des prairies artificielles, au meilleur compte ; les terres où l'on peut faire du jardinage, planter la vigne, peuvent donner de bons résultats sur de petites parcelles : c'est le genre de culture le plus rémunérateur pour ce dernier cas. Un très-grand nombre de personnes, fabricants, commerçants, intermédiaires, marchands, etc., s'imaginent que la culture des terres donne de grands profits aux propriétaires ; en moyenne, dans le nord comme dans le midi de la France, un domaine rapporte, déduction faite des frais d'entretien, deux pour cent, et encore ces intérêts ne sont d'ordinaire soldés qu'un an et demi après la location. Le propriétaire agriculteur, ou le fermier, sont très-satisfaits lorsque (déduction faite de l'intérêt du capital d'exploitation) ils retirent cinq pour cent de bénéfice de leurs cultures ; et il est à remarquer que le tiers au moins des cultivateurs, loin d'obtenir quelques bénéfices, se ruinent complètement. Que d'épreuves n'a-t-on pas à subir ! la gelée, la grêle, la sécheresse, le trop d'humidité, les inondations sur le bord des rivières, les maladies épidémiques et contagieuses qui enlèvent fréquemment une partie d'un troupeau et quelquefois un troupeau entier, sont autant de fléaux qui s'abattent sur la culture ; s'il arrive quelque événement fâcheux sur les terres louées à des cultivateurs, les propriétaires de ces terrains se croient obligés de donner des indemnités, des dédommagements à leurs fermiers. Les assurances contre l'incendie, contre la grêle, viennent encore augmenter des charges déjà trop lourdes : sur une terre imposée 3,000 fr. on paye en moyenne 8 à 900 fr. de prime d'assurance contre la grêle. Il arrive assez fréquemment encore que l'indemnité due pour ces sinistres qui détruisent souvent les récoltes sur une étendue de plusieurs lieues n'est pas entièrement soldée : il y a tout au plus trois sociétés d'assurances contre ce fléau qui peuvent faire face à peu près à leurs engagements.

L'agriculture est une profession très-honorable : elle nourrit l'homme, lui rend d'incomparables services ; elle fournit aux industriels toutes les matières premières qui leur sont indispensables pour fabriquer les marchandises, préparer les denrées dont une nation ne peut se passer. Généralement on convient que l'agriculture est la mamelle d'un Etat, on ne devrait pas tant la pressurer ; il faudrait au contraire lui donner des marques d'une constante protection ; mais les charges de toutes sortes, les impôts, lui sont moins ménagés que les compliments, les louanges qu'on lui prodigue. Il n'y a pas un seul impôt auquel l'agriculteur ne participe ; il paye l'air qu'il respire, ainsi que celui de ses animaux : les droits énormes de patentes, de mutations, de successions surtout qui sont si élevés, qu'un franc socialiste international doit en être satisfait ; quant aux droits de mutations, le Gouvernement gagnerait certainement à les diminuer ; il se ferait de suite beaucoup plus de transactions, de ventes et d'achats de biens-fonds, d'immeubles. De toutes les valeurs, c'est cependant la terre qui est la plus enviée, quoique son rapport soit si minime.

En temps ordinaires, évidemment les commerçants, les intermédiaires, font d'énormes profits sur leurs ventes, ils ne sont pas comparables à ceux des cultivateurs. Il est vrai que depuis 80 ans on a eu souvent des temps extraordinaires à subir, et alors le commerce est arrêté, est presque nul, ou pour le moins très diminué ; en temps ordinaire, dis-je, les fabricants, et principalement les commerçants, les intermédiaires, les marchands sont accoutumés, sauf toujours les exceptions, à retirer vingt pour cent de leurs fonds. Messieurs les voyageurs de commerce le reconnaissent hautement, sans détour : tous les trois mois, l'intérêt de la somme engagée est renouvelé, la marchandise devant être payée à ce terme. Admettons que ce renouvellement n'ait lieu que tous les quatre mois, l'intermédiaire à ce taux met en caisse 60 pour cent de bénéfice : diminuons de moitié ce bénéfice, il restera encore au marchand un profit de 30 pour cent net, tandis que celui du propriétaire qui loue sa terre est de 2 pour cent et celui du propriétaire-cultivateur, ou du locataire fermier, de 5.

Un chapeau d'homme est acheté au fabricant, par le chapelier, 7 fr. ou 7 fr. 50 ; ce dernier fournit la petite toque de soie estimée 50 centimes, le ruban et la bordure 25 centimes, le cuir intérieur 25 centimes, ensemble 8 fr. 50, non compris le coup de fer pour lustrer, repasser le chapeau qui est revendu 18 fr., prix minimum : bénéfice net, environ 9 fr. Le commis ouvrier de mon chapelier me prévint, il y a quelques années, que son patron, qui depuis vingt ans était dans les affaires, allait les quitter et vendre son fonds, et qu'il se retirait avec trois maisons à Paris, valant de 6 à 700 mille francs ; le jeune apprenti m'assura que tout maître chapelier, en moyenne, après un stage de commerce de 15 à 20 années dans sa boutique, pouvait et devait toujours gagner le capital que je viens de fixer ; il ajouta que son patron considérait comme insignifiant le bénéfice qu'il retirait de ses chapeaux d'homme, dont le prix était toujours le même ; il comptait principalement sur la vente des chapeaux de dames et surtout ceux d'enfants qu'il livrait au prix qui lui convenait. Puisque j'en suis à l'article des chapeaux, je vais le traiter à fond.

Il y a dans les grandes villes, mais à Paris surtout, des artistes excessivement appréciés par les dames, qui vendent à leurs charmantes pratiques de délicieux chapeaux, à des prix fabuleux, incroyables. La maison de commerce n'a d'autre enseigne que le nom seul de l'artiste, homme ou femme. Chose extraordinaire ! il a été donné aussi à certains hommes très-privilégiés, d'obtenir une belle renommée, justifiée par leurs créations de chapeaux toques d'une beauté idéale et variée; l'entrée de ces jolis musées est imposante : au rez-de-chaussée on trouve un laquais dont la grandeur et la tenue sont irréprochables, avec une livrée largement, richement galonnée ; assis dans un confortable fauteuil, il parcourt, avec une nonchalance qui n'est pas sans charme, des journaux de modes et aussi politiques ; il a charge d'attendre les clientes du chef de la maison, de les saluer majestueusement, surtout celles qui viennent dans leurs équipages, et de leur montrer l'escalier qui conduit au premier : c'est à cet étage qu'a été placé le précieux musée de céans; le rez-de-chaussée n'a pour meuble que le fauteuil et pour habitant que le personnage en question. A ce premier, il y a trois ou quatre pièces entourées d'armoires à glace, très-hermétiquement fermées, dans lesquelles sont encadrés ces estimés et recherchés chapeaux toques; la personne qui les montre veut bien donner gratuitement des conseils à ses belles acheteuses ; elle leur indique ceux dont la forme, la couleur dominante peuvent le mieux accompagner leurs jolis traits. Ces admirables coiffures ont un tout petit défaut dont on ne tient pas compte : elles sont très chères ; mais quelle grâce ! Ils sont guirlandés, ces chapeaux, de rubans adroitement, artistement posés ; moins on en emploie, ainsi que d'étoffe, pour les confectionner, plus le prix en est élevé ; ils sont si merveilleusement légers qu'un serin en enlèverait facilement avec son petit bec deux ou trois pour faire son nid. Ces chapeaux, quand ils finissent par aller dans la hotte du chiffonnier (car tout a une fin en ce monde, même les jolis chapeaux), ne font pas grand profit à ce commerçant d'un autre genre.

Si j'avais l'honneur de connaître Monsieur le Ministre des Finances, qui a grand besoin de numéraire, j'oserais le prier de faire une retenue pour notre Trésor, de 10 à 15 francs sur la vente de chacun de ces délicieux bijoux toques.

Autre histoire également véridique d'un tout autre genre.

Jadis j'aimais assez à faire une petite causerie avec les intermédiaires, les marchands, dans leurs magasins, leurs boutiques ; ils ont généralement pour habitude de se plaindre de leur commerce; quelquefois il leur arrive d'avoir leur franc parler, d'avoir de l'abandon avec leurs pratiques. Ayant quelques emplètes très-vulgaires à faire, j'entrai, il y a une trentaine d'années, dans une boutique située près des halles, à Paris ; cette boutique était longue et grande, très peu luxueuse, mais amplement garnie de marchandises usuelles : balais, chandelle, bougies, sabots, brosses, cordages, éponges, sucre, miel, etc., etc. Mes emplètes terminées, je me permis de demander au patron du magasin s'il était satisfait de son commerce. Je n'ai pas à m'en plaindre, me répondit-il tout naturellement, je fais tous les ans une vente qui dépasse 900 mille francs ; quelquefois ma recette est d'un million. — Son bénéfice devait certainement dépasser 80 mille francs, tout frais déduits. Ce ne sont pas généralement les producteurs qui font hausser les prix de toutes les denrées, les matières de toutes sortes qu'achètent les consommateurs ; le fabricant vend ce qu'il produit au grand commerçant, qui revend ses acquisitions aux commerçants en gros, lesquels les repassent aux marchands demi-gros qui les livrent à ceux des petites villes, des bourgs qui à leur tour les vendent en détail ; c'est ainsi que presque toutes les marchandises sont en moyenne doublées de prix après leur sortie des fabriques en passant de main en main, chacun devant tirer un bénéfice sur ce qu'il vend. Ma conclusion sur les intermédiaires est que sans se donner de peine, ils peuvent, en temps ordinaire, sous un gouvernement stable, faire de beaux bénéfices.

Il est à remarquer que ce sont principalement dans les grandes villes, où l'on a le plus besoin de tranquillité, que les marchands, les commerçants fomentent le plus facilement (on est disposé à dire avec plaisir) le désordre, les révolutions, dont ils sont les premières victimes ; les révolutionnaires pur sang, il est vrai, leur font des promesses on ne peut plus attrayantes ; ils n'hésitent pas à leur dire qu'une révolution cimentée, consolidée par les socialistes internationaux, les communards, doit nous assurer pour toujours la prospérité la plus stable ; tous nous jouirons alors d'un bonheur parfait, il n'y aura plus de pauvres ; tous nous serons également riches, la honteuse charité disparaîtra à jamais ! C'est l'égalité seule de misère que peuvent nous donner ces réformateurs ; il faut infiniment plus se défier des cadeaux, des promesses de ces messieurs que de ceux des Grecs, *timeo danaos et dona ferentes*. Il est si peu coûteux, si facile de faire des promesses ! et ce sont les hommes qui peuvent le moins les tenir qui les distribuent le plus généralement ; on sait quelle réussite elles ont, ces promesses.

Le très-spirituel Fourier se complaisait à en faire d'incomparables aux adhérents de sa poétique doctrine, celles-là avaient l'avantage d'être fort amusantes, et elles étaient peu compromettantes ; selon lui il savait rendre le travail en commun attrayant. Dès qu'un état ne convenait pas à un phalanstérien, à une phalanstérienne, ils avaient pleine liberté de le délaisser pour en apprendre un autre ; les fonctions les plus désagréables, les plus répugnantes devenaient très-agréables. Il ne pouvait en être autrement, puisque chaque membre de la communauté suivait toujours sa vocation pour tel ou tel métier.

Il y a des hommes qui font peu de cas de la propreté, qui aiment même la saleté ; il était très-facile de leur donner des emplois qui fussent en rapport avec leurs goûts, qu'on les encourageait à conserver ; les unions des deux sexes se contractaient avec entraînement de cœur, et se désunissaient de même : dès que ces sympathies disparaissaient, les époux associés convolaient à d'autres unions. Ces changements, selon Fourier, étaient sans inconvénients, les enfants étant bien élevés en commun par l'administration, tout comme en république. Tout se faisait avec entrain, avec sympathie, tout s'améliorait, devenait beau et bon et devait par la suite se conserver à l'infini ; le miel, plus doux que celui de Narbonne, devait, dans certains fleuves, remplacer l'eau qui y coulait ; les douces émanations de notre terre adouciraient celles des astres; la continuité d'améliorations, au lieu de diminuer, se perfectionnerait, progresserait de plus en plus, se déifierait d'une manière idéale ou à peu près au-delà de ce que l'esprit de l'homme peut maintenant comprendre.

L'essai du fonctionnement d'une si admirable création a été fait par des hommes qui n'étaient pas du tout sans capacité, qui avaient ou paraissaient avoir pleine confiance dans la réussite de leurs merveilleuses utopies, qui se sont si merveilleusement éclipsées. Les Saint-Simoniens n'ont pas eu plus de chance ; leur doctrine a si promptement disparu qu'ils n'ont pas eu le temps d'user les charmantes petites blouses (de leur invention) dont ils s'étaient affublés.

J'ai vu trôner sur la scène d'une jolie salle de spectacle la jeune dame qui devait précéder la femme libre, la papesse, qu'on attendait, je crois, et qui n'est pas venue. Cette jeune femme était revêtue d'une riche, ample et très-décente robe de velours. Les Fouriéristes et surtout les Saint-Simoniens n'étaient pas égalitaires, quoiqu'ils vécussent en commun ; la puissance de coup-d'œil du jeune et vénérable père Enfantin, devant lequel tous les yeux devaient s'abaisser, était ou devait être trouvée splendidement étincelante ; les traits de sa figure étaient très distingués : ses disciples, a-t-on dit, croyaient qu'on ne pouvait en supporter la splendeur.

J'ai eu un parent qui avait beaucoup connu le maître, le père des Saint-Simoniens ; il m'a assuré que le personnage avait un genre de vie qui était très-discordant avec celui que doit avoir un légiste fondateur d'une doctrine quasi-religieuse. Les chefs Saint-Simoniens, les instigateurs de pareilles utopies, étaient cependant fort instruits : la plupart d'entre eux, après la prompte disparition de leur secte, furent pourvus de très-beaux emplois. Pauvre France ! ce va et vient d'idées subversives, d'essais gouvernementaux de toutes sortes. ne donne-t-il pas que trop clairemen l'explication de l'épouvantable déchéance qu'elle subit actuellement et qu'elle subira longtemps, même indéfiniment, i elle ne sait pas revenir à de meilleurs principes, à ceux qui lui ont donné jadis tant de gloire et de prospérité ?

Le socialisme, le mot étant bien exactement interprété, n'a rien que de très-légal ; l'association au travail a toujours existé ; des ouvriers qui s'entendent ensemble pour entreprendre une industrie sont dans leur droit ; la communauté de fônds avec l'aide de l'adresse des uns, de l'intelligence des autres qui apportent leur savoir et leur activité, facilitent le fonctionnement des affaires d'un commerce collectif et devraient le faire réussir. Si ces essais n'ont pas eu de bons résultats, ce n'est certes pas le manque de crédit, d'argent, ainsi qu'on pourrait le penser, qui en a été cause, car les ouvriers trouvent facilement des fonds pour faire de longues grèves, et, qui pis est, des révolutions.

C'est la discipline qui a manqué à toutes ces tentatives, toute entreprise a besoin d'un chef ; si on ne lui obéit pas, c'est comme si on n'en avait pas : à une armée il faut un général, à un vaisseau un capitaine, etc. Tant que le monde existera, il en sera ainsi ; autrement le vaisseau sombrera, l'armée sera vaincue, l'entreprise échouera. Des fabricants, qui faisaient travailler leurs ouvriers à la tâche, voulurent changer de système, espérant ainsi pouvoir leur donner à tous une solde égale ; les meilleurs ouvriers se sont promptement mis au régime de celui qui faisait le moins d'ouvrage ; ces patrons n'avaient pas à s'en plaindre, puisque les plus habiles travailleurs faisaient aussi promptement leur besogne que celui qui travaillait le moins vite, le moins bien. Jamais on n'obtiendra que l'homme travaille pour les autres, pour son patron et surtout pour la société, comme pour lui et pour sa famille.

On a souvent dit, non sans raison, que les Français tenaient peu à la liberté, en faisaient peu de cas, et que par contre ils tenaient extrêmement à l'égalité qu'il n'est pas donné à l'homme d'établir. Le meilleur gouvernement est celui qui, tout en conservant l'ordre, la tranquillité, peut donner le plus de liberté possible et de prospérité ; la puissance de Dieu seul n'a pas de limite. Il faut que la liberté dont doit jouir l'homme, ne gêne pas, ne lèse pas celle des autres ; il faut donc qu'elle soit sagement réglementée. En France, les essayeurs de révolutions, les républicains, qui se disent être les seuls amis du peuple, ne sont jamais parvenus, et ne parviendront pas, à donner à notre nation l'apparence même de la liberté ; c'est avec l'aide du terrorisme désordonné, cruel, qu'il leur a été possible de se maintenir quelque temps au pouvoir : leur despotisme a dépassé celui de Napoléon Ier et de son impérial neveu.

Les républicains de troisième et de quatrième couche ont encore un malheur qui les poursuit toujours : dès qu'on craint de les avoir pour souverains, les fonds de l'Etat, les titres, les actions qui offrent le plus de sécurité, diminuent spontanément de prix ; s'ils réussissent dans leurs entreprises révolutionnaires pendant quelque temps, c'est bien autre chose : argent, crédit, commerce, tout disparaît. Le crédit est l'ennemi le plus acharné de l'anarchie ; on connaît ces perfides espiègleries à l'endroit des assignats de 93 qui, quelques mois après leur apparition, n'avaient plus la moindre valeur. Ainsi il fallait déjà, au bout de quelques semaines seulement, une liasse de cent mille francs de ces nouveau-venus, et maudits billets, pour solder la carte d'un modeste déjeûner, servi par un restaurateur qui n'avait pas confiance dans la solvabilité de son patriotique gouvernement.

Jadis, dans toutes les auberges, les cafés, les cabarets des petites villes, on voyait une grande image fortement coloriée, collée contre la muraille ; cette image faisait ordinairement le pendant de celle du Juif errant ; elle représentait le vieux bonhomme Crédit que tous les mauvais payeurs assommaient à coups de balai. Elle avait pour épitaphe : Crédit est mort, les mauvais payeurs l'ont tué. Le crédit est entêté en temps de désordre, il fait le mort, il ne se réveille pas; il n'accorde sa confiance qu'aux personnes, aux gouvernements qui paraissent lui offrir de la sécurité ; il est timoré, craintif ; qui n'a pas de défauts ! Conjointement avec l'or et l'argent, il joue un si grand rôle dans ce monde qu'on peut se permettre d'en parler plusieurs fois. Je suis convaincu que les essais de république faits dans notre pauvre pays lui seront toujours plus que funestes ; il me semble qu'on ne peut le nier.

Je n'ai plus rien à ajouter aux réflexions que j'ai faites sur la république indivisible française de 93, et sur les deux suivantes. Très-heureusement pour la France, leurs adhérents étaient très-divisés d'opinions, autant que le sont les républicains actuels : ce ne sont pas, sauf quelques fameuses personnalités, les hommes que j'ai blâmés, mais leurs idées. Encore une fois, je reconnais qu'il y a un assez grand nombre de Français qui pensent servir leur pays en étant républicains.

Si je traverse l'Océan pour aborder aux Etats-Unis, je trouve un peuple très-remuant, très-agité, très-industriel, s'occupant d'affaires de commerce avec une rare activité ; cette activité a véritablement des résultats merveilleux. A Florence, on voit une très-remarquable statue ; je ne me souviens pas du nom de l'artiste ; c'est un charmant Mercure de Michel-Ange, je crois ; cette statue figurerait parfaitement aux Etats-Unis. De très-grandes villes s'y forment, on peut dire sortent de terre, avec une spontanéité incroyable ; on en cite une entièrement bâtie, construite avec un confortable luxueux en 15 ou 20 ans, là où ne se trouvait pas même une humble chaumière ; la population de cette nouvelle cité est d'au moins 350,000 âmes ; elle a des rues magnifiques, des quais, de beaux théâtres, 50 églises. L'illustre auteur de l'ouvrage : *De la Démocratie américaine*, assure que la population des Etats-

Unis est généralement religieuse : les cultes sont très-variés, mais on ne connaît pas celui des solidaires. Les Américains n'admettent pas une croyance qui pourrait tourner à l'immoralité, ou du moins ils la surveillent. Le culte catholique prend une grande extension dans ce pays. De Tocqueville, qui n'était pas du tout comme cela, se dit maintenant clérical, et fait la remarque qu'une nation qui n'a pas de principes religieux doit arriver promptement à sa décadence.

Le grand, l'illustre créateur de l'immense République, Washington, qui refusa la couronne que lui offraient ses compatriotes, pensant qu'ils étaient dans une position exceptionnelle qui pouvait leur permettre de vivre sous le régime républicain, leur fit la recommandation suivante : « Soyez non-seulement religieux, mais encore pieux. » Il y a, disait-il, quelques personnes, quelques familles privilégiées, qui peuvent, croient-elles, se passer d'avoir des idées religieuses ; cependant, je ne doute pas qu'elles feraient infiniment mieux, pour elles et pour les autres, d'être pieuses : un tel conseil n'irait pas du tout à un grand nombre de nos républicains français.

Les Etats-Unis ont l'avantage d'avoir des fleuves plus larges, plus profonds, plus prolongés que les nôtres ; ils traversent un immense territoire et sont très-navigables. Leur situation ne peut être comparée à la nôtre, qui jadis n'était cependant pas à dédaigner ; leur population ne dépasse pas 39 à 40 millions d'hommes et le sol pourrait en nourrir 5 à 600 millions. Voilà les beaux, les brillants côtés des Etats-Unis ; l'ont-ils toujours été, unis ? non ; le seront-ils toujours ? il est probable que non ; et beaucoup d'Américains pensent que cette union aura peu de durée, quoique, je le répète, leur position soit à nulle autre pareille sur notre globe. Il y a discordance complète entre les habitants du Nord et ceux du Midi ; ils se sont battus entre eux avec acharnement, cette guerre civile a duré deux ans ; les pertes d'hommes et d'argent ont été considérables. Antérieurement à ce sanglant conflit, l'Etat n'avait pas de dettes ; après la signature du traité de paix, elle devait 10 milliards. Les habitants du Midi ont été vaincus, mais cette défaite n'a pas cimenté l'union amicale qui devrait exister entre citoyens d'une même nation ; ce sont au contraire des sentiments plus hostiles que jamais qui se sont manifestés après cette terrible lutte, surtout du côté des vaincus. Il y a en outre une grande désunion entre les démocrates et les républicains.

Aux Etats-Unis, une partie des élections se font souvent à coups de poings, de bâtons, de fusils, de pistolets ; les votes s'effectuent d'une manière aussi scandaleuse que turbulente : quelques-uns des candidats veulent quelquefois plus que rattrapper l'argent qu'ils ont dépensé pour être nommés membres du Parlement ; ils parviennent à se munir de places qui peuvent les mettre en position de s'entendre avec des fournisseurs, des entrepreneurs de constructions, de travaux. L'entente effectuée, tous s'empressent de faire sortir à leur avantage le plus largement possible l'or des caisses de l'Etat ou des communes, pour faire entrer ce très-recherché métal, dans leurs coffres. On cite entre autres de ces déprédations, celle qui a été commise à la mairie de New-York : le déficit provenant de ce vol s'est élevé à plusieurs centaines de millions.

La République des Etats-Unis étant fédérative, chaque canton conserve son autonomie ; il y a un très-grand nombre d'Américains qui se plaignent du despotisme arrivé à son apogée dans beaucoup de ces cantons.

De tous les côtés on voit les immenses pertes, les riches territoires qui nous ont été enlevés depuis la révolution de 93 : le Canada, la Louisiane, l'île Maurice ; sans cette malheureuse époque, toute l'Inde anglaise (deux cent millions d'âmes), nous eût appartenu ; nous en avions déjà une partie.

Le gouvernement anglais est véritablement celui qui, actuellement en Europe, donne le plus de liberté à ses administrés, mais il traite rudement les habitants de ses colonies qu'il épuise, surtout celle de l'Inde ; il tue sa poule aux œufs d'or. Jadis cette vaste contrée, qui est si fertile, lorsqu'elle est irriguée, était beaucoup plus que suffisante pour faire vivre sa nombreuse population. Ses princes indigènes, quoique très-despotes, entretenaient avec soin les grandes réserves d'eau, qu'on utilisait en la distribuant dans les vallées ; ils faisaient couler dans des canaux multipliés l'eau des fleuves, des rivières, qui était dirigée sur les terres calcinées par l'ardent soleil des tropiques ; avec de la chaleur et de l'eau on obtient des produits d'une abondance exceptionnelle. Autrefois, il n'y avait jamais de disette dans cette féconde contrée, maintenant elles sont très-fréquentes, les Anglais ayant délaissé tous ces canaux ; le riz (principale, on peut dire, unique nourriture des indiens) manque souvent, presque totalement, alors une partie notable de la population meurt de faim : il est pour les Indiens, ce qu'est le macaroni pour les Italiens et le couscoussou pour les Arabes : avec 8 ou 9 centimes par individu, ces populations peuvent se nourrir, et elles préfèrent cette si simple et saine nourriture à toutes autres. Les disettes les plus fortes qu'on a eu à subir en Europe ne sont pas comparables à celles qui dépeuplent souvent l'Inde ; ses pauvres habitants vont avoir cette année à en supporter une qui sera des plus désastreuses. Le gouvernement vient et viendra comme d'habitude au secours de ces infortunés, mais il allégera très-faiblement ce terrible fléau. Les Anglais ne peuvent se dissimuler, et souvent ils en gémissent, que leur gouvernement exploite ce bon, ce beau, ce brillant pays. Ils y envoient une partie de leurs jeunes gens pour qu'ils s'y enrichissent promptement, les Européens ne pouvant que difficilement s'acclimater dans cette chaude contrée. Un simple douanier reçoit une solde mensuelle de 350 fr. et est logé ; souvent même il est bien nourri par le capitaine du bâtiment que cet employé des douanes doit surveiller : il est assez probable que le capitaine fait quelques petits cadeaux gracieux à son surveillant. Les Indiens n'aiment pas leurs conquérants, on le conçoit, ce ne sont que 25,000 soldats anglais qui maintiennent l'ordre et conservent cette riche et populeuse colonie à la mère-patrie ; il y a tout au plus dans l'Inde

25 à 26 millions d'Européens de toutes nations, tandis que la population indienne soumise à l'Angleterre dépasse 200 millions d'âmes ; et cependant les Indiens sont généralement très intelligents. Pour conduire 200 millions de moutons, il faudrait presque autant d'hommes qu'on en compte dans l'armée anglaise, pour maintenir l'ordre et empêcher ce peuple immense de se révolter.

La méthode, en ce qui concerne actuellement l'organisation des armées, est toute autre que celle qu'on a conservée en Angleterre ; l'ancienne méthode est la bonne ; l'armée de cette nation, pour son service d'Europe, est de 120 à 130,000 hommes ; il y a 45 ans, la nôtre était de 200 à 250,000 hommes. Cependant, malgré les deux ruineuses et douloureuses invasions étrangères, effectuées dans notre malheureuse patrie, sous le premier empire, la restauration, les Bourbons avaient su faire une toute autre situation à la France que celle où nous nous trouvons maintenant : nous avons envoyé 100,000 hommes en Espagne ; ils ont, sous le duc d'Angoulême, traversé tout ce royaume qui, lui aussi, a été si florissant ; nous y avons rétabli l'ordre, la tranquillité ; les officiers français qui avaient fait la campagne d'Espagne sous Napoléon Ier étaient convaincus que nous perdrions 50,000 hommes, et que nous n'étions pas certains de mener l'expédition à bonne fin ; il n'en a pas été ainsi, leur prédiction ne s'est pas vérifiée, et ils ont été très-étonnés et très-satisfaits de s'être trompés. Nous avons délivré les Grecs de leurs oppresseurs, et nous avons fait la conquête de l'Algérie, le tout malgré le gouvernement anglais et son premier ministre, qui nous menaçait de verser l'outre des révolutions sur notre patrie ; elle a été versée cette outre fatale, on sait ce qu'il en est advenu.

Je ne dirai rien de toutes les républiques établies dans les vastes colonies qui appartenaient jadis au glorieux royaume d'Espagne ; les va-et-vient des présidents de ces petites républiques, présidents qu'on prend, qu'on exile, qu'on reprend, qu'on tue, sont continuels : une telle situation est peu enviable. Je reviens en Europe et j'y trouve une république, qui n'est pas sans renom, parsemée de magnifiques montagnes dont les cimes sont amplement couronnées d'épaisses couches de neige d'une blancheur éclatante. La Suisse n'en est pas moins un pays où les habitants s'agitent, s'émotionnent presque aussi facilement que les Français: ils sont loin d'avoir le sommeil prolongé de leurs marmottes; ils ont joué un noble rôle, surtout à l'époque où la population était toute catholique. Avec le peu d'hommes dont ils pouvaient disposer, ils sont parvenus alors à chasser l'ennemi de leur pays; ce sont précisément les cantons qui ont conservé leurs croyances religieuses catholiques à qui la Suisse est redevable de n'avoir plus à subir le joug de l'étranger ; comme signe de reconnaissance, contrairement aux promesses faites, le gouvernement de ce petit Etat a enlevé aux catholiques leurs libertés religieuses, en persécutant leurs ministres, en les exilant.

Les Suisses ont eu, comme les Etats-Unis, leur guerre civile, qui a été principalement entreprise par les protestants pour retirer aux catholiques le droit de faire élever leurs enfants comme ils l'entendaient, de leur donner des professeurs qui leur convenaient. Depuis cette malheureuse guerre, dite le *Sonderbund*, la République suisse est devenue unitaire, les cantons ont perdu leur autonomie; elle est maintenant des plus despotiques, elle est le réceptacle des révolutionnaires les plus violents, son avenir est fortement compromis.

A Lacédémone, on faisait passer des hommes ivres devant les jeunes gens pour les éloigner, les dégoûter de l'ivresse ; peut-être que la turbulence effrénée des niveleurs de la 3e et de la 4e couche fera redouter, repousser cette furie républicaine qui tourne au sang et à l'imbécillité (parole de M. Thiers). On m'a positivement assuré que les élections, ainsi qu'aux Etats-Unis, étaient déplorablement, scandaleusement influencées par les achats de votes, les meneurs, les instigateurs de révolutions, et souvent par l'autorité. Comme tous les montagnards, les Suisses aiment leur patrie, mais ils sont loin de s'aimer fraternellement entre eux ; autant qu'en France, pour le moins, les différences d'opinion sont fortement accentuées, variées ; on y trouve un grand nombre de nos démocrates de la haute-école soi-disant progressive : nos communards assommeurs d'otages, incendiaires (pour la bonne cause, bien entendu) y sont parfaitement accueillis. Dans chaque canton (principalement dans celui de Genève) tous les habitants sont minutieusement classés. Je me souviens qu'ayant passé, il y a une trentaine d'années, un à deux mois dans le très-vaste et confortable établissement des eaux de Saint-Gervais, qui appartient au très-excellent docteur de Mai, j'y trouvai une agréable société ; je causais assez souvent avec une jeune et très-spirituelle dame de Genève ; elle me racontait volontiers ce qu'était la société de sa ville natale. « Vous le voyez, me disait-elle, madame N··· est aimable, fort aimable, ici, avec moi ; lorsqu'elle me rencontrera dans les rues de Genève, elle paraîtra ne pas me reconnaître. Dans chaque canton, chaque famille a sa classification sociale, spécialement désignée : un négociant voit les commerçants ; un commerçant retiré des affaires voit la bourgeoisie ; les notaires et les avoués sont sur le même rang ; puis vient la haute magistrature, la haute aristocratie : le pasteur protestant ne fréquente pas le prêtre catholique ; maintenant, moins que jamais probablement, le patron d'un grand magasin se garde bien de fréquenter l'intermédiaire, le marchand, qui est le propriétaire ou le locataire d'une boutique de 2e ou 3e ordre : l'humanité a ses faiblesses. Les pays qui ont la république pour forme de gouvernement, sont loin d'être exempts de celles que je viens d'indiquer. Le véritable savant est généralement plus modeste que celui qui ne l'est qu'à demi, l'homme qui a reçu une bonne éducation est aussi infiniment plus poli que celui à qui elle manque complètement ; celui qui est intelligent, spirituel, instruit, qui le fait sentir à ceux qui l'écoutent, a tort ; celui qui se vante d'avoir eu d'illustres aïeux, de belles alliances, est encore plus blâmable ;

quant au personnage qui est fier de sa grande fortune, il est tout simplement très-ridicule.

Il n'y a pas que les Suisses des deux sexes qui aient l'excessive passion du classement social. Une jeune femme française, aimable comme elles le sont si souvent, patronne, propriétaire d'une boutique assez bien garnie d'objets, de marchandises de luxe, donnait chaque année un bal à ses connaissances : cette dame avait pour voisine une marchande dont la boutique était parfaitement achalandée : sabots, chaussures de toutes sortes, savon, balais, étaient étalés avec soin sur des étagères, des tablettes qui recouvraient les murs du rez-de-chaussée ; les recettes étaient bonnes ; il vint à l'idée de cette dernière d'inviter aussi à une soirée dansante ses pratiques et ses amies : elle s'empressa d'envoyer une carte d'invitation à la dame aux marchandises de luxe qui n'en fut pas du tout reconnaissante. « Voyez-vous, disait-elle à tout venant, cette petite pécore, c'est dans le commerce depuis trois ou quatre ans, et quel commerce ! et çà ose prendre le genre de donner des bals : ce n'est pas moi qui en tâterai de son bal, même pour en rire. » L'amour-propre mal placé, l'orgueil, depuis le commencement du monde (je remonte un peu haut) jusqu'à nos jours, surtout à notre époque, a plutôt grandi que diminué. Maintenant on parle haut, et fréquemment d'égalité : on l'aime pour les autres et pas du tout pour soi. L'amour-propre déréglé et l'orgueil sont tellement homogènes qu'ils s'assimilent facilement : l'orgueil engendre la jalousie ; ces trois vices, qui n'en font presque qu'un, causent beaucoup de mal à la société et aussi aux hommes qui en sont fortement infiltrés. L'homme orgueilleux, envieux, déteste tous ceux qu'il pense être ses supérieurs en capacités, en esprit, en talents, en fortune, en naissance ; s'ils ont de beaux emplois, honorables et lucratifs, il cherche avec acharnement à les leur enlever, à les leur faire perdre, n'importe par quels moyens, et à les accaparer pour lui et pour les siens. Jamais l'ambitieux ne parvient à assouvir sa triste et violente passion ; on a raison de dire et de croire que ce qui contribue le plus à maintenir une nation à l'état révolutionnaire, c'est l'*Ote-toi de là que je m'y mette.* Dans toutes les positions les plus diverses, on trouve à degrés différents des hommes ambitieux et jaloux : l'ouvrier est jaloux de celui qui, plus adroit, plus intelligent que lui, reçoit une paie quotidienne plus élevée que la sienne ; le patron qui n'a qu'un ouvrier ne le croit pas son égal ; le patron qui en a plusieurs croit que celui qui n'en a qu'un est son inférieur ; l'ouvrier, même d'une très-petite ville, croirait se mésallier en épousant la fille d'un travailleur cultivateur.

Si les beaux emplois, les honneurs non soldés sont enviés, les places largement rémunérées sont encore beaucoup plus recherchées.

Depuis une trentaine d'années, la jalousie s'est aussi infiltrée aux champs ; parmi les dix à onze millions de propriétaires de biens-fonds, il y en a au moins un tiers qui ont plus que de l'aisance ; une partie de ceux-là s'arrangeraient cependant parfaitement du partage des terrains ; ils y mettraient, dis-je, comme condition expresse que non-seulement ils conserveront tous leurs biens, mais encore qu'on les augmentera en en enlevant à ceux qu'ils appellent de grands propriétaires. Des émissaires leur ont assuré d'ailleurs que toutes les terres qui pendant 30 ans ont été cultivées par les mêmes locataires (ce qui du reste est malheureusement assez rare maintenant) appartiennent, sans aucun doute, à ces agriculteurs travailleurs. Ils ont marché, progressé, les habitants de la campagne ; mais quelle marche, quel progrès ! Ils sont jaloux des propriétaires dont les terres sont plus considérables que les leurs ; ils le sont pour le moins autant entre eux, de voisins à voisins, leurs positions n'étant pas non plus les mêmes ; la plupart des ouvriers sont mécontents quand quelques-uns de leurs camarades pour les mêmes travaux marchandés parviennent à faire des journées plus lucratives que ne l'ont été les leurs ; il y a souvent un écart d'un tiers sur la somme gagnée par de bons ouvriers comparés aux médiocres. Si ceux de cette dernière catégorie ont une famille nombreuse, 4 ou 5 enfants, et n'ont pas de biens, ils sont véritablement très-malheureux et ont réellement besoin d'être secourus. Au total, il y a moins de pauvres au village, dans l'intérieur des terres, que dans les grandes cités très-populeuses ; il y en a qui sont dans la gêne, parce qu'ils ont une mauvaise conduite. Comme à Paris, c'est encore quelquefois ceux qui peuvent le plus gagner d'argent qui sont les plus pauvres, les plus malheureux et deviennent les plus mauvais pères de famille. On a remarqué que c'était habituellement dans les contrées dont le sol est très-fertile qu'il y avait le plus de pauvres.

En Sologne, où la terre, sauf toujours les exceptions, est peu productive, il y a peu de familles malheureuses. J'ai entendu résoudre la question d'une manière qui ne m'a pas paru entièrement satisfaisante. Cette pauvreté, qui est plus multipliée dans les pays riches, disait-on, provenait de ce que là où tout ce qui est nécessaire à la vie se trouve en abondance, la multiplication des naissances dépassait encore le bien-être dont on pouvait jouir dans de telles contrées. Selon moi, cette moindre quantité de nécessiteux que l'on rencontre dans les pays infertiles provient principalement de ce que les personnes qui les habitent se sont forcément accoutumées à avoir plus d'ordre que celles qui vivent dans les contrées plus favorisées ; là où on a moins d'occasions de dépenser inutilement son argent, on est plus sobre et plus rangé.

Jadis, dans le Piémont (je ne sais si cet usage a été conservé), une mère de famille qui avait quatre enfants recevait une gratification pour l'aider à les élever ; lorsqu'elle en avait cinq, la gratification était plus élevée, et ainsi de suite, jusqu'à neuf ; à ce chiffre elle devenait très-forte : c'était une prime de charité et aussi d'encouragement à l'augmentation de la population. En France, elle est stationnaire, ce qui malheureusement est un indice que nous sommes dans une période décroissante.

Lorsqu'une ville reste stationnaire pour les constructions, on en déduit qu'elle devra décroître.

Les habitants de la campagne sont fermement convaincus que lorsqu'on leur rend service, qu'on vient à leur secours, ce ne peut être pour les obliger; ils pensent qu'on a intérêt à agir ainsi. Ce sont des sentiments qui laissent à désirer. Ils ont peine à croire que lorsqu'on a de la fortune, on puisse ne pas être heureux. La fortune, selon eux, voilà le bonheur ; les souffrances morales, les maladies, tout cela n'est rien devant l'argent qui souvent disparaît spontanément. Qui n'a pas dans sa vie fait de plus ou moins grandes pertes imprévues, et même n'a été quelquefois exposé à perdre ce qu'il possédait ! Il suffit d'un trop de confiance accordé à tort à une seule personne pour en arriver là ; que de familles, depuis la révolution de 93 et les suivantes, ont été ruinées par des événements fâcheux qu'elles ne pouvaient éviter ! Ces événements arrivent souvent lorsque les révolutionnaires se sont emparés du pouvoir. Il y a beaucoup de personnes qui, en temps de prospérité, s'enrichissent promptement; il y en a aussi quelquefois qui perdent entièrement leur fortune très-rapidement. A Paris, un notaire fort riche, dont la clientèle était des meilleures, me disait : Je vois un si grand nombre de mes clients perdre leur fortune qui était bien établie, que je crains pour mes enfants qu'il ne leur arrive le même malheur. Une personne qui perd tout ce qu'elle possède, est plus malheureuse que celle qui n'a jamais rien possédé. Conserver sa fortune est presque aussi difficile que de la gagner.

L'histoire, ou conte d'un riche financier qui n'était pas satisfait de sa position, si elle n'est pas vraie, est très-vraisemblable. Ennuyé d'entendre son voisin, cordonnier en vieux souliers, chanter toute la journée, tandis que lui, qui maniait des écus continuellement, était inquiet, tourmenté, il fit donner une somme considérable à l'artiste en cuirs usés, pour qu'il mît fin à ses chants; le savetier chansonnier devint de suite aussi triste que son donateur, il s'empressa de lui rendre son argent qu'il craignait de perdre, quoiqu'il fût occupé une partie de la journée à le cacher ; il recommença à chanter de tout cœur ses joyeux couplets.

Presque toujours, l'habitant de la campagne est plus heureux que le propriétaire ; il est mieux portant qu'un ministre de France et que l'homme de cabinet très-bien renté ; plus qu'eux il tient à la vie. Quant à la gaîté du cultivateur, du propriétaire, de l'ouvrier qui passe la plus grande partie de sa vie aux champs, il me semble qu'elle a diminué depuis qu'il a l'honneur d'être électeur ; occupé toute la journée, les peines morales, le plus souvent, l'émotionnent peu, le font moins souffrir que les personnes qui sont dans une autre situation. Un cultivateur d'une ferme de moyenne grandeur, avait sa femme atteinte d'une maladie fort grave ; pendant qu'il labourait son champ avec ses bœufs, on lui apprend qu'elle est morte ; il s'arrête un moment, et dit à la personne qui lui annonce ce triste événement : Ma femme est morte tout dru, su, su ; et les bœufs continuent leur travail. Ce fermier était cependant un très-brave homme et passait pour être un bon père de famille. Les habitants de la campagne, et je me sers de cette désignation parce que je sais que d'ordinaire, surtout dans les villes et les villages, celle de paysan est prononcée fort à tort avec un demi-mépris ; je dis fort à tort, car au total, l'agriculture est la plus honorable et certainement la plus utile de toutes les professions. Que deviendrait une nation qui n'aurait pas de cultivateurs ? Je crois qu'il faut plus d'intelligence, de capacités, pour tirer un bon parti d'une terre, que pour vendre des étoffes, de la mercerie, de l'épicerie ; le vocabulaire à débiter par le marchand à ses clients, est court, facile à retenir, et est toujours le même. Pour l'étoffe, elle doit être bon teint, solide, fine, gracieuse ; pour la mercerie, rien à dire si l'on veut ; l'épicerie est de bon choix ; ne pas oublier, quand l'acheteur l'a fait, ce choix, de lui dire : Après ça, monsieur ? — C'est le salut de fondation du garçon épicier, qui ne doute pas de sa supériorité sur l'habitant des campagnes.

Si j'ai parlé si longuement de l'amour-propre, de l'orgueil, de la jalousie, c'est que j'ai la conviction que ces défauts (je puis, il me semble, me permettre de dire ces vices), lorsqu'ils sont fortement accentués, contribuent à rompre cette union qui faisait notre force. Notre nation est fatalement aussi désunie qu'elle était jadis unie. Un faisceau, lorsqu'on le casse verge par verge, est bien vite brisé : on ne parvient pas à le casser lorsque les branches sont réunies. Si nos populations rurales n'avaient pas été harcelées sans relâche depuis une vingtaine d'années avec un diabolique entrain, par des socialistes républicains internationaux et leurs émissaires, elles seraient meilleures que celles des villes ; elles entendent toujours le même son, elles croient que c'est le bon, le juste. Dans les cafés, les cabarets, les auberges, les hôtels, les cabinets de lecture, ils ne trouvent à lire, on ne leur lit que des journaux, des ouvrages anti-religieux ; la vérité, le vrai, y est pour le moins déguisé. Il y a trois ans, M. le citoyen Gambetta voulait expressément que les ouvriers seuls des villes fussent électeurs ; il trouvait que ceux de la campagne n'étaient pas assez intelligents pour qu'on leur concédât le droit de voter ; depuis que messieurs les révolutionnaires croient être parvenus à surexciter les mauvaises passions des ouvriers ruraux, ils jugent qu'on peut, sans inconvénient, leur donner actuellement le droit de déposer leur bulletin dans l'urne électorale.

L'homme qui fréquente une mauvaise société et lit de mauvais livres, s'empreindra très-probablement de détestables pensées. Ce proverbe : « Dis-moi qui tu hantes, je te dirai qui tu es » est très-exact. Les habitants de la campagne ne vont pas au-devant des personnages que je viens de désigner ; ce sont les révolutionnaires et surtout leurs enjôleurs, embaucheurs, émissaires, qui poursuivent avec une patience persistante, nos populations rurales. Les cultivateurs, les ouvriers, ont certainement l'esprit fin lorsqu'il s'agit d'affaires qui les concernent spécialement ; mais ils sont cependant très-naïfs, très-disposés à ajouter foi à ce qui est le moins croyable ;

je viens encore d'en avoir la preuve. Un de nos ouvriers agricoles s'est brisé une côte, il est allé trouver un rebouteur charlatan, empirique. L'opérateur, après avoir palpé sa pratique, pour compléter sa cure, lui a fait un signe de croix sur la poitrine avec l'orteil du pied gauche ; si le signe eût été fait à droite, la guérison ne se fût pas effectuée. C'est le pendant de l'histoire des curés qui, tous, peuvent arrêter la grêle ou la faire tomber à volonté ; conte inventé pour les faire prendre en haine lorsqu'ils ont la malice (c'est le mot adopté) de ne pas arrêter ce fléau. Les hommes qui s'ingénient à démoraliser, tromper ainsi les populations, sont très-coupables.

On ne saurait trop le dire, les républiques anciennes n'étaient pas non plus moralisatrices, ni clémentes ; je crois qu'il me sera facile de le prouver, cette fois, succinctement : elles ont été pour le moins les similaires en atrocités de notre fameuse République. A Athènes, à Sparte, dans tous les autres petits états démocratiques de la Grèce, on avait le droit, et on en usait largement, de tuer à volonté les esclaves ; ce droit était acquis aux particuliers et à l'Etat.

A Athènes, il y avait seulement un sixième de citoyens libres, le reste de la population n'était composé que d'esclaves. Toutes les autres Républiques de la Grèce et leurs dépendances, étaient à peu près dans la même situation ; lorsque les citoyens s'apercevaient que leurs esclaves devenaient trop nombreux, sous le moindre prétexte ils les réunissaient, leur disaient qu'ils allaient avoir l'honneur d'être introduits dans les rangs de leurs soldats et seraient affranchis : l'affranchissement, c'était le massacre spontané de tous ces malheureux qui leur paraissaient les plus virils. Rome républicaine était aussi encombrée d'esclaves, ils étaient considérés comme étant la marchandise des citoyens romains qui avaient droit, selon l'usage généralement adopté à cette époque, de les tuer, de les traiter plus que durement. J'ai ouï raconter à la Sorbonne, par M. Barthélemy-Saint-Hilaire, le plus ancien ami de M. Thiers, les horribles tortures que les citoyens romains de la grande ville, et ceux de toutes les autres cités et contrées qui étaient sous la dépendance de la métropole, infligeaient à ces malheureux ; la multiplication des esclaves devenait souvent assez considérable pour inquiéter leurs propriétaires et l'Etat. Afin d'atténuer les forces des premiers, on ne leur donnait tout juste que la quantité de pain qui pouvait les empêcher de mourir de faim. Les pauvres esclaves étaient si faibles, que les propriétaires étaient obligés de faire cultiver leurs terres à des prix très-élevés, par des hommes libres ; leur gîte, à ces esclaves, avait les proportions et la façon des fours de nos plus pauvres campagnes. C'était toujours le fouet à la main que leurs conducteurs les faisaient marcher, comme ils l'entendaient, selon leurs caprices. On sait que Lucullus faisait nourrir ses poissons les plus fins, ses murènes avec de la chair d'esclave ; le fait est attesté. Serait-il faux, que pour qu'on l'ait rapporté, inventé, il fallait que l'esclavage romain fût d'une dureté sans pareille.

Il y avait, comment dirai-je, des institutions gymnastiques de jeunes hommes bien faits, bien constitués qui, contrairement aux vulgaires esclaves, étaient nourris avec soin ; on leur servait des mets toniques. Pour rendre leurs membres souples et vigoureux, on les frictionnait avec des huiles odorantes mêlées à d'autres liquides fortifiants. On leur infligeait, à ces braves jeunes gens, un rôle peu enviable : ils étaient chargés d'amuser, de récréer les consuls, les hautes autorités, le bon peuple romain, en se battant à outrance entre eux jusqu'à ce que mort s'en suivît, dans les cirques, monuments dont aucune grande cité ne pouvait se passer. Les gladiateurs, en entrant en scène, s'empressaient de saluer avec le plus de grâce possible, les consuls et les hautes autorités, puis le peuple, et leur demandaient humblement la permission de commencer leur gymnastique mortelle ; l'exercice auquel ces pauvres victimes s'adonnaient le plus, était celui de savoir mourir et tomber avec une gracieuse pose. Un peuple qui prenait un si vif plaisir à de tels spectacles, avait grand besoin que le christianisme vînt changer ses goûts dépravés, adoucir ses mœurs barbares : et ce peuple est appelé le peuple roi ! La devise des consuls victorieux : *væ victis*, malheur aux vaincus, recevait malheureusement toute son application ; les princes, les chefs de corps vaincus étaient conduits pieds et poings liés, chargés de chaînes, à la suite, derrière le char du consul triomphateur ; ces pauvres prisonniers étaient hués par les masses populeuses romaines, qui ne leur ménageaient pas les insultes les plus grossières.

On ne sait que trop ce dont sont capables les masses quand, au lieu de les calmer, de leur donner une bonne éducation, on les excite à devenir furieuses, sanguinaires. Les otages conduits au fatal poteau, il n'y a que quelques années, sans jugement, sans qu'on eût le moindre reproche à leur faire, avant d'être fusillés, eurent à subir les mêmes avanies que celles dont les Romains accablaient leurs ennemis vaincus. Ces procédés ne ressemblaient guère à ceux du grand Condé, troisième branche des Bourbons : on lui avait permis de mettre, dans son parc de Chantilly, quelques-uns des nombreux canons qu'il avait pris sur les champs de bataille ; cette permission lui était bien due à ce prince, qui en avait enlevé à ses adversaires une si grande quantité étant encore très-jeune. Le prince, sachant qu'un des généraux qu'il avait battus devait venir le visiter, s'empressa de faire cacher complètement ces insignes de triomphe, plusieurs de ces canons ayant appartenu au corps d'armée de son visiteur.

Le combat de trente chevaliers français commandés par l'illustre Beaumanoir, auquel un de ses champions recommandait de boire son sang (nous avons dans notre province des descendants de ces chevaliers, messieurs de Beaucorps), contre trente chevaliers anglais, qui convinrent, afin d'épargner le sang de leurs soldats, que le dernier survivant donnerait le droit de la victoire à la nation auquel il appartiendrait ; ce combat, dis-je, eût paru bien extraordinaire aux consuls romains. L'idée, encore, qui vint aux officiers français, à Fontenoi, de laisser aux Anglais l'honneur de tirer les premiers, eût étonné davantage les consuls républicains romains. M. Barthélemy-Saint-Hilaire a dû fortement blâmer cette quintessence de chevalerie. J'ai eu l'avantage de l'entendre se moquer, rire de la bravoure de chevaliers qui, vaincus je ne sais plus dans quelle bataille et par quel roi anglais (à mon âge il est permis d'avoir peu de mémoire), s'élancèrent contre un corps d'armée trois fois plus nombreux qu'eux et en partie cuirassé. C'était, disait-il, vouloir se ruer comme des brutes contre des pierres. Ces braves combattants étaient français, mais ils étaient aussi chevaliers, et M. Barthélemy-Saint-Hilaire est loin d'estimer la chevalerie ! Il ne faut pas disputer des goûts ; comme on le sait, il est loin d'être hostile aux républicains, même les plus militants ; on peut donc s'en rapporter au jugement qu'il porte sur cette brillante et terrible république romaine.

Si les consuls romains ne savaient pas être cléments, sauf toujours quelques rares exceptions, il faut convenir que les Césars ne l'étaient pas non plus; le premier, surnommé Auguste, était un brillant et terrible conquérant despote. La moitié de son règne fut atrocement despotique. La plupart des autres Césars furent de fameux scélérats. On sait ce que valaient Tibère, Claude, Caligula ayant pour consul son cheval, à qui il faisait servir de l'avoine dorée ; Néron, Vitellius, etc. Les soldats légionnaires devinrent plus qu'exigeants, ils se donnaient ordinairement le droit de faire monter sur le trône les souverains, de les en faire descendre et les massacrer. Pour satisfaire ces soldats, il fallait leur accorder de généreuses gratifications ; à ces largesses les Césars devaient joindre de fréquentes fêtes de théâtres, de cirques surtout, des luttes de gladiateurs, des combats d'animaux féroces. Le Christianisme vint à point pour fournir un grand nombre de chrétiens qu'on jetait en pâture aux tigres, aux panthères, aux lions ; c'était une très-grande jouissance pour le peuple romain de voir ces bêtes féroces dévorer leurs victimes.

Plus on persécutait les chrétiens, plus ils se multipliaient ; il y en avait dans tous les rangs, même les plus élevés de la société ; les armées en étaient remplies et ils n'étaient pas les soldats les moins braves, les moins obéissants des Césars ; la légion Thébaine qui venait de se battre avec le plus grand courage pour Maximien fut décimée, puis entièrement détruite, parce qu'elle était toute chrétienne : elle ne chercha pas à se défendre. On prenait en masse les chrétiens et on leur ordonnait de sacrifier aux idoles. Pas un d'entre eux ne voulait renier sa croyance pour sauver sa vie, vingt-cinq des premiers papes furent aussi martyrisés.

Plus ces affreux spectacles de chrétiens qu'on torturait se renouvelaient, plus le peuple romain était joyeux ; ceux qu'on jetait dans les cirques, les amphithéâtres, étaient moins maltraités ; leur mort était plus prompte que celle qu'avaient à subir les chrétiens qu'on livrait aux bourreaux qui s'ingéniaient à les faire souffrir le plus longtemps possible, avec un raffinement de cruauté véritablement diabolique ; leurs corps étaient grillés peu à peu, les ongles des pieds et des mains leur étaient arrachés, on leur déchiquetait les chairs avec des tenailles rougies au feu, leurs entrailles étaient tirées de leur ventre et le plomb fondu coulait dans leur gorge ; quelquefois la raffinerie du supplice était plus habile, plus compliquée : la victime était renfermée dans un cachot rempli d'instruments de supplice, de fouets, de tenailles, etc. ; puis on la conduisait dans une autre chambre parfumée, le lit était couvert de feuilles de roses, d'autres tentations perfides étaient encore essayées et toujours repoussées ; le chrétien était alors livré à ses bourreaux qui en faisaient ce qu'ils voulaient et qui toujours prolongeaient son martyre selon leurs caprices. Néron, l'adroit conducteur de chars, l'assassin de sa mère, qui ne valait guère mieux que son fils, parvint encore à dépasser en cruauté tous ses prédécesseurs ; il inventa les illuminations *à giorno* faites avec des corps humains vivants. Chaque victime était attachée à un poteau et enduite d'une forte couche de résine dans laquelle était contournée de l'étoupe, et on y mettait le feu. Le parc de l'affreux tyran était, pendant une partie de la nuit, éclairé avec ces lugubres lueurs; Néron prenait plaisir à se promener dans les allées, sur les bords desquelles étaient placés ces malheureux; leurs cris, leurs gémissements réjouissaient le cœur de tigre du barbare César. Comme le plus grand nombre de ses pareils, il expia ses abominables crimes. Il fut massacré par ses serviteurs et le peuple de Rome. Les Césars étaient d'autant plus coupables de martyriser, torturer les chrétiens, qu'ils n'avaient rien à leur reprocher ; ils étaient leurs plus fidèles soldats.

Pour éviter autant que possible la persécution, beaucoup de chrétiens vivaient en commun, dans de petites cités souterraines où ni le jour ni le soleil ne pénétraient : les corps de leurs pères, de leurs amis, de leurs coreligionnaires, morts dans cette ténébreuse prison, étaient précieusement conservés dans de grandes dalles en pierre : les morts étaient à côté des vivants. Les restes de ces catacombes sont parfaitement conservés à Naples et à Rome. L'usage des flambeaux avec cierges allumés le jour, pendant le Saint Sacrifice dans nos églises, provient, je crois, de celui que forcément les anciens fidèles avaient d'éclairer leurs catacombes : on a voulu en conserver le respectueux souvenir.

Les légionnaires n'étaient pas du tout difficiles dans le choix des personnages à qui ils offraient la couronne, quand ils se furent emparés du pouvoir de nommer les empereurs et de les déposer ; c'était celui qui leur promettait la plus forte solde et s'engageait à leur donner souvent les splendides orgies toujours sanguinaires dont je viens de parler, qu'ils acceptaient pour maître jusqu'à ce qu'il leur survînt le caprice de le remplacer par un autre candidat au trône impérial. Le gros et gourmand Vitellius fut nommé deux fois César ; il régna cependant peu de temps, son second détrônement lui fut fatal : ils le traînèrent par les rues de la cité et finirent par l'assommer. Quelquefois ils nommaient en même temps deux ou trois empereurs qu'ils prenaient assez souvent en pays étranger. De son côté, le peuple romain devint turbulent et menaçant; pour le calmer, on l'admettait gratuitement aux fêtes qu'on donnait d'abord aux légionnaires seuls. Les légions devenaient de plus en plus indisciplinées; le peuple s'adonna à tous les vices qu'engendre habituellement l'oisiveté; il lui fallait du pain et des spectacles. C'est ainsi que la grande nation guerrière, jadis si brave et à peu près maîtresse du monde entier connu, à cette époque, devint aussi faible, aussi pauvre que les autres peuples qu'elle avait conquis et ruinés.

Les envoyés de Rome dans les provinces soumises exploitaient d'une manière indigne les vaincus, les Césars ne pouvaient plus que très-difficilement faire payer les impositions qu'ils augmentaient annuellement. Ils eurent l'heureuse idée de donner à tous les propriétaires qui étaient parvenus à conserver quelques restes de leur fortune des places qu'ils rendirent fort honorifiques; ces principaux employés de l'Etat avaient la désignation de nobles curiades; aucun d'eux n'avait le droit de refuser ce très-honorable emploi qui consistait à être personnellement responsable des recettes, de la rentrée de tous les impôts. Ces très-honorés curiades avaient le petit désagrément de recevoir des contribuables beaucoup plus de brusqueries, de menaces, de coups de poing et même de bâton que d'argent, les biens qui leur restaient étaient vendus à très-petits prix, au profit de l'Etat; les curiades perdaient leurs places, leur fortune, et étaient retenus quelque temps en prison pour n'avoir pas su remplir leurs engagements forcés. Cette méthode qui n'avait pas de précédent, n'eut pas une longue réussite : l'armee n'étant plus, ou du moins, que très-irrégulièrement soldée, se débanda; le peuple n'ayant plus son pain assuré et ses spectacles, était fort mécontent et malheureux; les vaincus, les barbares, devinrent les vainqueurs du puissant empire, pillèrent Rome et le Césarisme croula.

Le césarisme et le plébiscite sont deux enfants jumeaux à qui on peut bien donner, sans crainte de se tromper, la qualification d'enfants terribles.

Je ne puis comprendre comment l'empereur Louis-Napoléon a pu se décider à entreprendre ou plutôt à faire entreprendre, avec un ardent entrain, la hideuse, l'affreuse histoire de César. Dans presque toutes les contrées de la France que le premier César romain, pour leur malheur, avait daigné fouler de ses augustes pieds, Louis-Napoléon avait un reporter qui rendait un minutieux compte aux grands entrepreneurs du grand monument littéraire et politique des faits et gestes de cet ancien dictateur romain sur le sol gaulois ; ce travail paraissait complaire infiniment à l'empereur, qui l'a signé non sans une certaine fierté. Avait-il en vue, en le faisant paraître, d'encourager son jeune fils à suivre les errements des Césars ?

Notre de Lamartine, lui aussi, a eu ses errements ; il s'est laissé aller, sans préméditation, à atténuer les crimes des montagnards de 93, de Robespierre, mais il en a fait son *meâ culpâ*, il a reconnu ses torts.

M. Rouher, l'ex-protectionniste, l'ex-républicain, pourrait probablement le dire. Déjà dans les couloirs de la Chambre des députés, ce premier ministre, ce vice-roi de l'Empire passe pour avoir fait outre mesure, la barbe de son jeune prince, barbe qui, fort heureusement pour la France, vient d'atteindre sa majorité. Vous verrez, lui fait-on dire, ce qu'elle est capable d'entreprendre cette barbe ; laissez-la pousser, vous verrez. Entreprendre, c'est possible, mais mener à bonne fin, à bien, c'est là où gîte, où surgit la difficulté. M. Rouher peut être convaincu que la valeur de la barbe du jeune prince, son protégé, est inappréciable ; cependant l'illustre protecteur ne peut avoir la prétention d'attester que son prince, eût-il été même souvent couronné dans son collége, est un grand général, un très-capable administrateur. C'est précisément parce que son père, l'ex-empereur, a cru avoir ces qualités que la France est tombée si bas ; il avait néanmoins à son service un premier ministre, vice-empereur, qui ne s'est jamais trompé, même quand il a changé d'opinion.

M. Rouher présente hardiment le prince Louis-Napoléon comme étant le seul candidat qui, son plébiscite en main, peut de l'autre s'emparer de la couronne de France, et être le sauveur de notre malheureuse patrie : c'est donc bien entendu, bien compris, que ce prince doit être empereur des Français parce qu'il est le fils du prisonnier de Chislehurst et le représentant du plébiscite. On sait comment se fait cette représentation plébiscitaire qui ressemble véritablement un peu trop à une vraie piperie. A l'œuvre, on connaît l'ouvrier...

J'ai à faire un bref récit des résultats qu'ont eu pour notre pays les deux empires. Je m'efforcerai d'en parler avec le plus d'impartialité possible ; à mon âge, où on a un pied dans la tombe et l'autre pied sur le bord, si cette situation n'est pas des plus agréables, elle est des meilleures pour faire des appréciations politiques avec calme et désintéressement ; tout naturellement, sauf quelques phénoménales exceptions, toute ambition alors a disparu entièrement. Ce ne sont pas les hommes, les deux monarques que je poursuivrai, un chrétien ne doit jamais avoir de la haine pour son prochain, quel qu'il soit : ce sont leurs opinions, leurs actions surtout, qui ont le plus de rapports avec leur politique, dont il sera mention. Le premier empereur, né en Corse, quatre mois après que ce pays fût soumis à la France, fit ses études à l'école de Brienne ; son début à l'armée de Toulon fut merveilleusement brillant ; il fut plus brillant qu'utile en Egypte ; lorsqu'il quitta cette contrée, il était temps qu'il en sortît : l'armée qu'il laissa au brave et si intelligent Kléber était décimée, exténuée, surtout par les fatigues et les maladies. Toutes les autres campagnes de ce grand capitaine sont tellement connues que de toutes manières il ne m'appartient pas de les décrire. Pendant sept à huit ans, l'aigle napoléonienne, sauf quelques rares exceptions, parcourut triomphante toutes les nations qui nous environnent ; notre marine, au contraire, si belle, si formidable sous le roi Louis XVI, déclinait, nous perdions nos colonies qui, avant 93, allaient toujours en s'agrandissant : l'empereur en avait assez de s'occuper de ses si valeureuses armées. La fatale issue de la guerre de Russie entreprise plus que témérairement, quand même, malgré les conseils de ses généraux qui l'engageaient à ne pas l'entreprendre, lui fit perdre toute son influence. Il eut le malheur de compter sur la fidélité de ses alliés dont il avait conquis les capitales ; les rois vaincus, comme cela devait être prévu facilement, se réunirent contre leur vainqueur. On ne sait que trop ce qui en arriva : deux invasions furent la suite de nos défaites.

Lors de la première invasion, nos vainqueurs, que nous avions si souvent vaincus, ne cherchèrent pas trop à s'en venger ; désirant probablement prouver à l'empereur Napoléon qu'ils ne le poursuivaient pas avec passion, à outrance, ils lui proposèrent un traité de paix beaucoup plus avantageux qu'il ne devait s'y attendre. Les troupes étrangères étaient à quelques jours de marche de la capitale, rien ne pouvait les arrêter ; les rois alliés s'engageaient entre eux à lui laisser l'ancienne France telle qu'elle était avant toutes les guerres, les envahissements de territoire que Napoléon avait faits sur leur pays ; ils n'exigeaient positivement qu'on ne leur rendît que ce qui leur appartenait, et ils avaient été plus que rudement traités naguère par leur vainqueur. Voilà comme toutes les grandes nations travaillaient, combattaient pour les Bourbons, tant et si souvent calomniés.

Comment qualifier le dire de certains personnages qui parlent du drapeau de nos pères avec tant de mépris, du drapeau de Rocroi, de Norwinde, de Denain, de Fontenoi, drapeau qui flottait sur les glorieuses armées qui nous donnèrent l'Alsace, la Lorraine, etc., et en dernier lieu l'Algérie ; qui délivra la Grèce de ses nombreux ennemis, qui rétablit l'ordre en Espagne que nos vaillants soldats ont parcourue dans toute sa longueur. Ces deux dernières guerres ont été faites malgré le premier ministre anglais qui nous menaçait de verser l'outre des révolutions sur la France, outre qui, hélas! n'a été que trop souvent versée sur notre malheureux pays. L'expression de ce ministre est vraie, les plus grands malheurs qu'une nation puisse subir, ce sont les révolutions et les invasions étrangères : les premières conduisent au despotisme dictatorial, et le despotisme dictatorial fait surgir le despotisme des masses, qui est le plus abominable, le plus barbare des despotismes.

C'est un beau drapeau que celui de nos pères, il fut accueilli avec le plus grand enthousiasme aux deux retours dans sa capitale de Louis XVIII et de sa famille.

La seconde invasion des étrangers fut beaucoup plus désastreuse pour nous que la première.

Comme je l'ai déjà dit plus haut, la Restauration sut promptement réparer les immenses pertes que la France avait eu à subir à la suite du traité qui fut signé. Nous n'avions plus d'armes, plus de marine ; nos places fortes étaient délabrées, le trésor était plus que vide ; les énormes dettes laissées par Napoléon et l'indemnité de guerre furent amorties en quelques années.

Le généralissime duc de Wellington et tous les rois entraient si bien en France, sur la supplique de Louis XVIII, que le duc d'Angoulême ne pouvait même pas alors porter sa cocarde dans son pays. Son oncle, le roi, quand les Prussiens voulurent faire sauter le pont d'Iéna, parce que cette dénomination leur rappelait une grande bataille qu'ils avaient perdue, Louis XVIII, dis-je, fit savoir aux puissances étrangères qu'il se transporterait sur le pont et serait enseveli dans ses débris : il l'eût fait comme il le disait...

Pendant son exil, un assassin lui tira un coup de pistolet parce qu'il était Bourbon et le représentant héréditaire de la royauté française ; il dit : « Un peu plus bas d'un pouce, et Charles X était roi de France. »

Un roi de France traître à son pays ! quel délire d'imagination ! Jamais famille régnante ne l'a plus aimé et n'en a donné plus de preuves que celle des Bourbons !

Elle était bien petite, notre France, sous le premier roi de la dynastie des Bourbons, Hugues-Capet ; mais avant la fameuse révolution de 93, elle avait grandi au point qu'on était fier d'être Français et que nous pouvions donner des ordres sans en recevoir d'aucune nation ; nous étions au premier rang sur terre et sur mer. Républicains ! qu'est devenue entre vos mains et celles des deux empereurs cette France que vous avez trouvée si belle ? Les Bourbons l'ont créée, et vous, républicains, bonapartistes, vous avez détruit ce que nos pères avaient fait avec cette royale famille. Voilà la différence, comparez. Rendez-nous les libertés concédées par le vertueux et si excellent roi Louis XVI, et par Louis XVIII ; rendez-nous notre France aussi puissante qu'elle l'était avant vos révolutions ; rendez-nous nos immenses colonies, qui nous ont été aussi enlevées ; alors nous nous entendrons peut-être avec vous, s'il y a lieu. Pouvez-vous nier qu'avec vous, crédit, gloire, libertés, puissance, prospérité, disparaissent plus ou moins promptement ? Une partie des Allemands, des Italiens sont devenus nos intimes ennemis quand même, malgré les services que nous leur avons rendus, surtout aux derniers, à notre grand détriment, services qui ont fini par être très-désavantageux aux Italiens. Les uns et les autres devenus nos ennemis seraient très-mécontents de voir rétablir en France cette royauté héréditaire qui, pendant un millier d'années, a si glorieusement gouverné notre beau pays ; par contre, ils sont fort heureux de savoir que républicains et impérialistes fomentent en France le désordre, la désunion, et calomnient chacun à sa façon cette famille royale qui nous a appris à être libres, et qui conserve un attachement si vif, si sincèrement dévoué à son pays. Louis XVIII était fier et heureux des succès militaires de l'empereur Napoléon ; il l'en remerciait, et toute la famille royale partageait ses sentiments. Ils ont été très-éphémères les succès des deux empereurs ; et les vôtres, messieurs les révolutionnaires, où sont-ils, vos succès ? vous avez eu ceux du terrorisme et des assignats.

Certes, je me garderai bien de comparer le grand capitaine à un Marat, à un Danton, à un de Robespierre ; cependant son incroyable ambition a fait plus de mal, a fait répandre plus de sang que les cruels agissements des Montagnards, des Septembriseurs, des communards, des accapareurs et assassins d'ôtages, que les instigateurs des exécrables orgies révolutionnaires. A quoi a abouti cette ambition impériale sans limites ? à deux invasions.

Quelquefois l'ambition désordonnée mène à la folie intermittente l'homme le plus intelligent ; celle de l'empereur ne pouvait que lui être fatale, ainsi qu'à la France ; ce souverain n'était pas matérialiste. On raconte que faisant une visite aux pauvres infirmes du vaste hôpital de Bicêtre, en passant devant un fou furieux il fit cette réflexion : Un dérangement d'un quart de millimètre de la cervelle peut, d'un homme très-capable, faire un fou : une chute, dit-on, a agrandi l'intelligence de Malebranche. La conscience du premier empereur a dû beaucoup souffrir de l'arrestation du jeune et brillant duc d'Enghien, arrestation qui était aussi illégale que possible, d'abord parce qu'elle a été faite en pays étranger, ensuite parce qu'on n'a pas trouvé trace de complot armé ou pas armé ; aucun de ses papiers n'était compromettant. La chronique dit que le malheureux jeune homme avait de tout autres pensées qui l'occupaient lorsqu'on l'a capturé. Son jugement, sa condamnation si précipitamment expédiée, exécutée nuitamment dans les fossés du fort de Vincennes ; cette lanterne attachée au cou de la victime pour indiquer où les balles devaient porter, laissent au cœur de sinistres pensées. L'impératrice Joséphine, qui donnait souvent d'excellents conseils à son mari, l'avait fortement engagé à ne pas faire capturer le jeune prince. On assure que c'est avec la plus grande répugnance que ses juges le condamnèrent à être fusillé de suite sans appel; je crois même que deux d'entre eux ne votèrent pas sa condamnation ; mais l'empereur tenait à ce que cette si triste exécution se fît promptement et il savait se faire obéir. On fait dire à un de ses dévoués et par trop zélés serviteurs : Beau mérite d'obéir à son supérieur lorsqu'il vous donne à exécuter des ordres qui n'ont rien de repoussant, où l'honneur n'est pas engagé ! Le mérite est de ne pas hésiter à les suivre, les ordres, lorsqu'ils peuvent personnellement vous déshonorer.

Napoléon Ier est mort en chrétien : Dieu est clément, il pardonne à celui qui se repent; il a dû se reprocher d'avoir traité si durement le pape Pie VII qui avait été si bon, si bienveillant pour lui et sa famille ; il tenait à faire de ce vieillard, chef de l'Eglise, son homme lige, son serviteur toujours soumis quand même ; alors il l'eût comblé d'honneurs, le Saint-Père fût devenu un des princes les plus riches de l'Europe, il en eût fait son idole.

L'empereur Louis Napoléon a passé, je crois, sa première jeunesse en Suisse avec son aimable mère, qui, assure-t-on, disait de son fils qu'il était le plus doux des entêtés qu'elle ait connus ; on lui fait dire encore : Si Louis devient empereur des Français, il dépensera l'argent de la France comme il a dissipé sa fortune personnelle, celle que son oncle lui avait laissée, ainsi qu'à tous ses autres parents. La famille de Napoléon n'avait pas de fortune. Je crois même que le premier empereur avait reçu une bourse à l'école de Brienne.

Louis Napoléon avait servi pendant quelques années avec le grade de capitaine dans la garde nationale suisse ; je l'ai dit plus haut, j'ai parlé aussi de l'engagement qu'il avait contracté lorsqu'il a accepté la présidence. Je n'ai plus de réflexion à faire sur ces deux actes de sa vie qui a été si agitée. Il était, je crois, fort aimé de son entourage ; on ne peut lui reprocher d'avoir été trop conservateur d'argent. Tous ses amis et même ses connaissances, ou ceux qui lui ont rendu des services, n'ont eu qu'à se louer de ce qu'ils appelaient son incomparable générosité ; tous ou à peu près en font le plus grand éloge. Ce n'est pas celui-là, disent-ils, qui ne savait pas récompenser les personnes qui lui étaient dévouées.

L'homme véritablement généreux est celui qui donne avec ordre et sagacité sur ce qu'il possède, sur ses économies, sur les privations qu'il s'impose, aux personnes qu'il cherche à obliger, ce dont elles ont le plus besoin. Un monarque, comme un père de famille, doit poser une limite à sa générosité ; en deux mots l'homme qui croit être généreux en donnant çà et là sans mesure, avec dérèglement, ce qui ne lui appartient pas ou ne lui a été donné que pour en faire un bon usage, est un dissipateur. Lorsque le prince Louis Napoléon arriva en France, il n'avait pas de fortune, ses dettes dépassaient son avoir.

Les rois de France à leur avénement au trône laissaient tous leurs biens à l'Etat, et les frais d'entretien, de réparations de leur palais étaient entièrement soldés par eux.

La physionomie, l'aspect du prince Napoléon dénotent un caractère des plus froids, des plus calmes, il avait cependant des idées excessivement grandioses ; ses caprices ornés, j'aime à le croire, de bonnes intentions, se multipliaient sans relâche ; ils étaient souvent très-excentriques et surtout très-coûteux ; mais l'Etat était assez riche pour payer les manies de son monarque. Il avait la passion des rues en lignes droites, poussée à l'excès ; il les allongeait indéfiniment : en politique, au contraire, il affectionnait les lignes tortueuses. Lorsque l'illustre démolisseur présentait à l'empereur ses plans, le maître de la France souvent augmentait çà et là le nombre des maisons qui avaient été désignées comme devant être démolies ; chaque coup de crayon donné par Napoléon sur les plans de démolitions coûtait souvent des millions. On doit avouer que les propriétaires et surtout les locataires ont été très-fortement indemnisés, même avec prodigalité, des démolitions, des changements de location qu'ils avaient à subir : ces indemnités étaient la plupart du temps si largement fixées qu'elles n'étaient pas proportionnées aux pertes que les industriels pouvaient faire ; les frais de déplacement, de déménagement étaient très-exagérés. Il arrivait quelquefois que des hôtels de grand prix à peine terminés étaient abattus parce que l'auguste crayon faisait des changements aux premiers plans ; mais, je le répète, la France était riche. On peut, sans crainte de se tromper, dire que l'empereur est promptement parvenu à l'appauvrir complètement.

Sous ce régime de démolitions continu, il était indispensable, lorsqu'on sortait, de porter la tête haute, d'avoir les yeux bien ouverts si on désirait mettre son chef, sa tête à l'abri des nombreux débris de toutes sortes qui de tous côtés étaient lancés dans les rues. Paris ressemblait à une ville prise d'assaut : l'idée n'est pas de moi, elle a été celle de tous les voyants ; ou bien encore ces ruines imitaient celles effectuées dans la grande cité par les mains des pétroleurs et pétroleuses qui ont si franchement regretté de n'avoir pu l'incendier entièrement. L'antique Erostrate a bien eu la folle stupidité de croire rendre son nom immortel en brûlant le magnifique temple d'Ephèse. Une partie de la population française, et d'autres nations, en seraient-elles arrivées à croire, comme ce fou, qu'incendier les monuments, les palais, les rues, les villes entières, les forêts, faire table rase, révolutionner tout l'univers, le socialiser, l'internationaliser (fraternellement, bien entendu), c'était non-seulement s'immortaliser, mais encore rendre au monde le plus grand des services, un service inappréciable ? l'idée serait des plus grandioses, des plus odieuses. Néron aussi fit brûler la moitié de Rome, pour l'embellir, et contemplait, dit-on, avec satisfaction, les beaux effets lumineux des flammes de son vaste incendie ; il ne lui vint pas à la pensée d'indemniser les malheureux incendiés.

Un grand pays peut se permettre de faire, sans les exagérer, des dépenses de luxe ; mais ces dépenses ne doivent être faites qu'avec des économies effectuées. Des emprunts peuvent au contraire être contractés au grand avantage des populations lorsqu'on les emploie à faire des travaux utiles, très-productifs. L'argent qu'on a dépensé, beaucoup plus qu'inutilement, à faire une des guerres du second empire, eût été plus que suffisant pour irriguer le tiers du territoire de la France dont on vient de nous arracher un des beaux fleurons ; avec ces nombreux millions, il eût été certainement possible de tripler les produits de nos vastes terrains qui sont irrigables, et nous eussions eu l'inappréciable avantage d'éviter la perte d'un très-grand nombre de nos braves soldats. Avant toutes ces guerres, je le répète, pour le moins inutiles, notre alliance était recherchée. Un seul gouvernement, la monarchie héréditaire, peut, je crois, seul, maintenant nous faire, comme par le passé, recouvrer parmi les premières nations, le rang que nous y avions conservé si longtemps et si glorieusement. Espérons que notre illustre, loyal et brave président le maréchal de Mac-Mahon pourra nous ramener à ce beau, ce bon et si brillant temps. Mon expression de guerres beaucoup moins qu'inutiles faites à tort et à travers, çà et là, dans des pays lointains est infiniment trop faible. On est excessivement coupable lorsqu'on fait une guerre inutile, et qui pis est lorsqu'on l'entreprend le cœur léger, sans être préparé à pouvoir la soutenir convenablement. Le nom, la vraie qualification, lorsqu'il s'agit de telles culpabilités, est si désagréable à émettre qu'il me répugne de l'écrire.

Je reviens à mes courants d'eau, aux dépenses luxueuses. Les irrigations les mieux réussies, les plus productives, sont celles de la vaste plaine de Grenade et surtout de Valence : elles ont été exécutées en Espagne par les Arabes, à une époque qu'on considère comme ayant été barbare. L'eau de fortes rivières a été distribuée par de grands et petits canaux, dans les plaines, avec une telle intelligence, que tous les quinze jours chaque propriétaire ou locataire peut à volonté profondément arroser uniformément son terrain ; la régularité de cet arrosement est telle, qu'il ne donne jamais prise au moindre petit procès. Sur place on m'a assuré que l'hectare se louait de 2 à 4,000 francs. Le climat de Valence, plus doux, plus égal que celui de Grenade, donne jusqu'à quatre récoltes en oranges, olives, betteraves, blé, avoine, orge ou autres grains. Les locataires paraissent très satisfaits de leurs locations. Notre climat de la France n'étant pas aussi chaud que celui de l'Espagne méridionale, les résultats de pareils travaux seraient moins lucratifs que chez nos voisins.

Je n'exagère rien en assurant que les produits de nos nombreuses vallées, de nos vastes terrains, si on les irriguait, tripleraient de valeur ; en admettant qu'au minimum ils ne feraient que doubler, le bénéfice serait encore excessivement satisfaisant : il le serait même avec un tiers d'augmentation de revenu, frais soldés.

De toutes les nations, la France est celle qui est la plus arriérée en irrigations ; elles eussent été bien utiles cette année. Les habitants des Pyrénées-Orientales ont eu la bonne pensée d'irriguer, pas très-solidement, mais à peu de frais, leurs terrains ; ils ont utilisé les eaux qui découlent de leurs montagnes et ils s'en trouvent parfaitement bien ; ont voit de ces irrigations qui sont superposées trois à quatre fois les unes au-dessus des autres.

Comme le père de famille, le monarque doit avant tout prendre les intérêts du peuple qu'il gouverne, et ne pas suivre quand même ses caprices. Le propriétaire, père de famille qui ne sèmerait, planterait sur sa propriété que des fleurs d'agrément, des renoncules, des roses, des œillets, se ruinerait ; si, revenant à des idées plus raisonnables, il voulait cultiver convenablement sa terre, il serait obligé ou d'en vendre une partie, ou d'emprunter une forte somme qui le mettrait en position de solder ses frais d'agriculture inutiles, et payer ceux qu'il aurait à faire pour bien cultiver sa propriété. S'il persistait à renouveler ses semis de fleurs, sa ruine deviendrait en peu d'années complète.

L'empereur Louis Napoléon n'a pas eu plus de chance pour ses guerres que pour ses entreprises de constructions luxueuses ; le tout a été dirigé on ne peut plus malheureusement : la véritable appréciation à émettre ne serait pas parlementaire. Louis XIV a eu aussi les mêmes reproches à se faire, avec cette différence que les constructions du grand roi avaient un cachet de grandeur tout autre que celles de Napoléon III ; il a placé son petit-fils sur le trône d'Espagne et a laissé une marine et des armées parfaitement organisées; les principales nations enviaient l'influence dont jouissait la France. Son siècle a été et est encore nommé siècle de Louis XIV. Il s'est cependant reproché verbalement et par écrit d'avoir été un roi trop ambitieux, trop batailleur, et d'avoir aussi fait trop de dépenses inutiles. Il recommanda expressément à son arrière-petit-fils de ne pas suivre ses errements, de ne pas surcharger d'impôts son peuple, de ne faire, de n'entreprendre que ce qui pourra lui être avantageux. Ce remarquable ouvrage est déposé dans la bibliothèque de la rue de Richelieu : il vaut bien l'histoire des Césars. Napoléon Ier disait que Louis XIV était son roi, et ce roi reconnaissait qu'il n'avait pas gouverné la France comme elle devait l'être. Le palais du Louvre a fait passer bien des mauvaises nuits à l'empereur ; Louis Napoléon a voulu mieux faire que le grand roi ; et ainsi que le grand monarque espagnol, Charles-Quint, lui aussi, a eu la très-médiocre ambition de construire un palais plus beau que ne l'étaient ceux des princes arabes ; il fit abattre leur palais d'été. La construction de Charles-Quint qui n'a même jamais été complètement terminée, est aussi massive, aussi lourde, aussi déplaisante à l'œil que celle des Arabes avait été légèrement, gracieusement construite et cependant solidement bâtie. Gaston d'Orléans a commis à peu près la même faute à l'encontre du si remarquable château de Blois.

Très-lestement, avec une fougueuse rapidité, l'empereur a fait construire deux palais aux encoignures de la place du Carrousel. Sans leurs ornements on croirait que ces palais sont des prisons mal éclairées. Deux palais, ce n'était pas assez ; il s'empressa de faire bâtir une lourde et très-large terrasse qui traverse le Carrousel ; il paraît qu'il tenait absolument à rapetisser cette magnifique place : deux petits jardinets entourés de grilles à peu près entièrement dorées furent établis dans l'intervalle du terrain qui est resté disponible entre les deux palais d'encoignures et la large galerie. Les toits sont surchargés de dômes très-disgracieux ; les massives et nombreuses cheminées sont entourées de remarquables ornements et couronnées de corbeilles remplies de fleurs et de fruits qui ne tarderont pas à être enfumés ; les ornementations de toutes sortes, les cariatides, les crénelures, les colonnes de tous styles, doriques, cannelées, corinthiennes, y abondent, et sont parfaitement exécutées. Le besoin de ces constructions ne se faisait pas précisément sentir : quant aux embellissements qu'on a essayé de faire à la petite cour, ou plutôt petit morceau de terrain qui sépare la charmante, et très-remarquable église de Saint-Germain-l'Auxerrois, de la splendide façade du Louvre, ils sont très-maigres, très-mal réussis ; ils sont plutôt à enlever qu'à conserver. On voit que l'architecte ou les architectes de tous ces bâtiments ont été gênés par les ordres, les commandements qu'ils ont reçus de l'autorité. Il était facile, à peu de frais, de faire du Carrousel la plus belle place du monde entier connu ou inconnu ; c'est peut-être précisément parce que ce travail était peu coûteux à exécuter qu'on ne l'a pas entrepris. Il ne s'agissait que de joindre les deux palais, celui du Louvre et celui des Tuileries, par des galeries ; la construction de ces galeries était au moins aux trois quarts terminée et parfaitement terminée ; il n'y avait qu'à les copier, ces galeries admirablement exécutées par les Bourbons. La très-petite portion de galerie construite par le premier empereur est très-inférieure à celles de nos rois, mais elle est correcte ; le grand capitaine conquérant n'avait pas le temps de s'occuper sérieusement d'architecture, cependant il trouva bien celui de faire pendant la retraite de Moscou, des modifications aux statuts des sociétaires du Théâtre-Français.

Ces deux galeries eussent ainsi embelli les deux anciens palais actuellement écrasés par ces massifs de pierre qui les joignent. L'empereur Louis-Napoléon aimait beaucoup à passer de grandes revues de ses armées ; il lui était impossible de trouver un plus magnifique emplacement, embelli, comme je viens de le désigner, pour se donner cette jouissance qui n'est pas du tout blâmable.

La grande création architecturale du second empire est la salle de l'opéra. La maçonnerie à peu près finie, on s'est aperçu qu'il était indispensable de renforcer ses fondations jetées sur un sol traversé par une petite rivière ; plus tard, on a trouvé que le monument était mal tourné. Pour réparer autant que posssible la faute, on s'est ingénié à lui faire une arrivée répondant à sa dignité plus de quarante fois millionnaire ; on a doté sa façade d'une très longue rue dirigée précisément dans un quartier où les maisons se vendent à des prix très élevés ; les expropriations, les démolitions ont dû presque doubler les dépenses faites pour la construction de ce théâtre, seules se montent à 35 millions ; à cette somme on vient d'ajouter celle de six millions ; en ajoutant encore à tous ces millions ceux qui ont été ou devront être soldés pour démolitions, la carte à payer dépassera de beaucoup 50 millions. L'ancienne salle qui vient de brûler était très-convenable ; elle était grande et bien décorée, son acoustique excellent ; espérons que la nouvelle salle n'aura pas le sort de sa devancière. Les salles d'opéra à Paris n'ont pas une longue durée... Ayons l'espoir que les pétroleurs et ces dames les pétroleuses ne lui seront pas hostiles à ce cher opéra ! Toujours est-il que c'est une chère salle.

Si on additionne toutes les sommes que les contribuables ont soldées, ainsi que celles employées à bâtir de tous côtés des casernes ; si à toutes ces additions on ajoute tous les millions, les milliards qu'ont coûté les guerres que le gouvernement dit pacifique a entreprises à tort et à travers, si malheureusement en Chine, en Cochinchine, en Russie, au Mexique, en Italie, avec la Prusse, et, par suite, à toute l'Allemagne, on n'est plus étonné de la triste situation où nous nous trouvons ; que de sang répandu ! Quelle politique dévergondée ! On est au contraire presque étonné que notre position ne soit pas encore pire : elle est cependant affreuse. Encore une fois, qu'on la compare avec celle que nous avions sous les Bourbons, sous Louis XVI, sous la Restauration ; toutes les grandes nations repoussent notre alliance.

Je crois presque, que si les deux empereurs revenaient en ce monde, après tous les malheurs qu'ils ont attirés, accumulés sur la France, ils n'auraient pas même la pensée de trôner sur cette nation qu'ils ont tant abaissée : je crois ne pas offenser ces princes en leur prêtant de tels sentiments. Qui nous l'a faite, cette triste situation ? Si l'empereur Louis-Napoléon eût à peu près fait exactement tout l'opposé de ce qu'il a si souvent fatalement entrepris, la France et ce prince ne s'en seraient-ils pas mieux trouvés ? Napoléon Ier a été excessivement dur, violent, avec le doux Pape Pie VII qui avait toujours été si bienveillant pour ce monarque ; il eut le courage de l'expulser de Rome, ce saint Pape, il lui fit traverser une partie de la France en prisonnier et l'y tint incarcéré jusqu'à sa déchéance du trône impérial français : il faut dire qu'il a déclaré que, si le Pape avait consenti à être son serviteur très-soumis et toujours disposé à exécuter ses ordres, il l'eût couvert d'or : je crois rapporter, cette fois, textuellement le dire de Napoléon Ier. Le Pape soumis à mes volontés sera mon ami, disait-il encore.

Son neveu, l'empereur Napoléon III, a commis la plus grave des fautes contre la papauté, en la combattant avec les Carbonari, ainsi que son frère qui fut tué dans cette triste lutte. Fait prisonnier, pris les armes à la main, il devait être fusillé : Notre Saint-Père le Pape actuel obtint sa grâce. Cette alliance avec les Carbonari a dû avoir une très funeste influence sur le reste de la vie de ce prince. Les princes Bonaparte étaient d'autant plus coupables d'être les ennemis acharnés de la Papauté, qu'eux et leurs familles avaient été parfaitement accueillis à Rome, lorsque toutes les autres nations les repoussaient.

Les deux excursions en France du prince Louis-Napoléon

avec quelques-uns de ses partisans, tous armés, ne me paraissent pas précisément très-régulièrement patriotiques. Il y a eu, dit-on, je ne garantis pas le fait (quoiqu'il n'ait pas été décliné, récusé je crois), un malheureux coup de revolver tiré de trop en France par le prince Louis-Napoléon, dans une de ces excursions. Il n'avait plus aucune chance de réussite, sa cause était entièrement perdue : un officier français, à ce qu'il paraît, fut tué par cette balle ; la colère de la non-réussite a dû seule faire partir cette balle. L'excuse cependant laisse à désirer. Barbès, le républicain violent que l'on sait, a, assure-t-on, tué aussi, positivement dans les mêmes conditions, les mêmes circonstances, un soldat français : On prétend que Barbès avait du bon, il ne l'a pas prouvé ce jour-là. Un républicain archi-progressif est souvent disposé à commettre des actes blâmables pour servir sa couche républicaine ; avant tout périsse plutôt la liberté, la prospérité de tout une nation, que la république.

Le jeune, très-jeune prince, fils de l'empereur Louis Napoléon, déclare dans son manifeste à ses partisans, que ce n'est pas parce qu'il porte le nom de Napoléon qu'il se présentera comme candidat à la couronne de France. Selon moi, je crois qu'il se trompe ; je suis convaincu qu'il ne lui serait pas venu à l'idée d'avoir une telle prétention s'il n'était pas le fils du dernier empereur. Je ne déprécie pas le mérite qu'il peut avoir. Même en admettant qu'il ait obtenu beaucoup de succès dans son collége ; qu'il en soit sorti très-instruit ; qu'il y ait même reçu une excellente éducation ; qu'il connaisse parfaitement la théorie des manœuvres militaires ; qu'il soit apte à devenir un très-bon officier d'artillerie : tous ces avantages ne sont pas suffisants pour qu'on le couronne empereur des Français ; il y a tant d'autres personnes qui réunissent toutes ces qualités à divers degrés, un peu plus, un peu moins accentuées.

Le comte de Chambord est beaucoup plus modeste que le jeune Napoléon ; cela doit être, il a plus d'expérience que ce prince et sa position est tout autre. Le comte de Chambord, au contraire, dit : Je ne suis rien par moi-même, mais seul je représente le principe qui peut donner à ma chère patrie le plus de liberté, le plns de stabilité au pouvoir, et par suite le plus de prospérité. Toutes les personnes qui connaissent le comte de Chambord, qui ont eu l'honneur de le visiter (et le nombre en est grand), reconnaissent, qu'ils soient républicains ou légitimistes, que la capacité de ce prince est aussi grande que sa loyauté.

Les couvents d'hommes, les moines, les capucins avec leur longue barbe sur laquelle on a fait tant de chansons, les Dominicains, les Pères de la Rédemption, les Jésuites, les Trappistes, etc., tous ont leur spécialité et ont contribué et contribuent à faire progresser l'agriculture, les sciences et à soulager l'humanité, qui aura toujours, quoi qu'on en dise, quoi qu'on fasse, à subir ses douleurs, surtout sous le joug des socialistes révolutionnaires. Les savants, les vrais savants, sont encore émerveillés des immenses travaux, des recherches historiques que les moines ont faites, et qu'eux seuls pouvaient aussi bien faire, les poursuivant, ces recherches en commun, à l'abri de toute distraction extérieure. C'est aux couvents que nous sommes redevables de tout ce qu'il nous reste des chefs-d'œuvre de l'ancienne littérature ; ils ont écrit dans toutes les langues, et surtout dans la nôtre, un grand nombre d'ouvrages qui peuvent rivaliser avec ceux des anciens qui sont les plus prisés. De nos jours, ne voyons-nous pas encore de très-nombreux jeunes et intrépides lévites, s'élancer par-delà les mers lointaines, dans les contrées les plus barbares, pour évangéliser, moraliser ces malheureux qui ne connaissent aussi que le droit de la force, en mésusent horriblement et en sont aussi très-souvent les victimes. Ces dignes missionnaires sont quotidiennement exposés à subir le sort des vaincus, des esclaves, la mort la plus atrocement cruelle ; ils le savent, comme ils savent également qui saura les récompenser de leurs martyres, de toutes leurs souffrances.

Les trappistes, plus que sobres, qui mènent une vie si dure, continuent toujours à fertiliser le pays où ils s'établissent ; ils ont parmi eux des hommes du plus grand mérite. Tous paraissent heureux et ils le sont. J'ai connu un ancien général, le baron de Gérande, qui avait eu un genre de vie très agitée, très luxueuse : jamais il ne s'était mieux porté qu'à la Trappe. Un autre de ses collègues qui, comme le baron, appartenait à une famille très riche, m'a assuré aussi qu'il se trouvait parfaitement du régime uniforme de la Trappe. La dépense de chaque religieux ne dépasse pas dix centimes par jour. Le concierge de l'établissement était un jeune homme très-instruit, très-spirituel. Fils d'un commerçant jouissant d'une fortune considérable, par humilité il avait voulu être frère convers. J'ai voyagé en Afrique avec un négociant qui se plaignait que les Trappistes étaient trop économes, ce qui ne faisait pas aller le commerce ; d'autres personnes accusent fort à tort, les religieux, les moines, d'aimer la bonne chère. Il y a toujours dans les établissements de la Trappe une assez grande quantité de lits destinés aux passants : ils y sont nourris et couchés gratuitement pendant trois jours ; la table des étrangers est passablement servie. L'appétit des religieux est grand, j'en ai été témoin ; ils faisaient honneur à leur brouet qui n'était ni bon ni copieux ; il est fait sans beurre et toujours maigre. Les Trappistes font beaucoup de bien dans la contrée où ils sont installés ; ils ont parmi eux des médecins, etc. Le baron de Gérande a vécu trente-cinq ans à la Trappe ; la foi soutient : voilà ce qu'on appelle des lâches, des fainéants, des propres à rien, comme cela se dit crûment. S'il arrivait que tous les Français se fissent religieux, ce serait fâcheux, mais il n'y a pas à craindre qu'il en soit ainsi.

Les rédempteurs allaient dans les pays les plus barbares racheter les malheureux esclaves qui étaient traités avec tant de cruauté par leurs maîtres. Souvent le prêtre ou le moine sont cependant représentés un éteignoir à la main ou bien encore plaçant avec soin la lumière sous le boisseau ; c'est la caricature la mieux réussie.

Il y a en Italie une cité où se trouve le plus beau, le plus artistique monument que jamais main d'homme ait implanté sur terre ; ce monument est recouvert, rempli d'ornements, de statues, de tombeaux, de tableaux, de mosaïques d'une perfection, d'une beauté à nulle autre pareille ; je désigne ce magnifique édifice : je parle de Saint Pierre de Rome. Les Romains sont parvenus à copier les tableaux des plus grands maîtres, leur donner le moelleux effet de la peinture à l'huile, avec de petites pierres dites mosaïques. La communion de Saint Jérôme surtout est un chef-d'œuvre du genre. L'intérieur du dôme de Saint-Pierre est recouvert de mosaïques d'une exécution parfaite ; celles du haut, vues d'en bas, paraissent avoir été exécutées très-finement ; lorsqu'on va les examiner de près, on est surpris de les trouver faites très grossièrement.

On peut dire qu'on ne fait pas cent pas dans les rues romaines sans y découvrir des chefs-d'œuvre. Les nombreuses écoles, les hôpitaux sont admirablement construits, et tenus avec une très-remarquable propreté. Je crois que c'est à Rome que les pauvres doivent se trouver le mieux. Le musée du Vatican est merveilleux. Les ornements des églises les rendent attrayantes. Je ne vois pas que cet ensemble puisse prouver que les papes et leurs ministres, les hommes noirs, sont et ne peuvent être que des arriérés, des éteignoirs. Toutes nos magnifiques églises gothiques, aux voûtes gracieusement élancées, sont en parfaite harmonie avec le culte catholique. C'est bien pour le catholicisme qu'elles ont été construites et non pour le protestantisme. Les prières semblent devoir, de ces voûtes si légères, si aériennes et cependant si solides, arriver jusqu'au ciel. Le culte catholique ennoblit, élève la pensée de l'homme ; l'athéisme l'animalise, le dégrade. Ces hommes noirs ne sont-ils pas vos frères, vos cousins, vos parents ? Pourquoi les prenez-vous en si grande haine, surtout depuis trois ans ? C'est l'époque que me citait une femme de la campagne, qui me racontait qu'on ne pouvait plus les sentir : ce sont ses expressions ; mon fils l'avait prise sur la route et l'avait fait monter dans sa voiture, elle ne nous connaissait pas ; elle disait qu'il y a 4 ou 5 ans elle poussait à la quête dans la bourse son petit sou de temps à autre, maintenant elle ne donne plus rien. Lorsque l'église, ses ministres sont méprisés, bafoués, persécutés, c'est un signe certain que les très-mauvais jours approchent.

La dîme, voilà un mot qui a de la valeur pour les vrais révolutionnaires, et ils s'en servent pour diffamer les prêtres et les faire déconsidérer ; il est prononcé par leurs émissaires avec un air de souris effrayées ; il a fini, ce mot, par produire beaucoup d'effet : la dîme ! mais c'est affreux ! et les Bourbons ne peuvent régner sans dîme ! la preuve, c'est que pendant les quinze années de la Restauration, jamais ce terrible nom n'a été prononcé une seule fois. Les Bourbons ne sont même pas les inventeurs de la dîme ; elle a été établie à l'époque du moyen-âge par tous les ducs, les comtes, les princes qui se battaient presque constamment entre eux ; de tout temps, l'argent a été le nerf de la guerre ; je l'ai déjà dit, ils en avaient besoin, d'argent, et la dîme fut créée comme imposition qui leur procurait du numéraire. Louis XVI avait positivement aboli la dîme, et, parmi les propriétaires de biens-fonds, qui peut dire qu'il ne possède pas du bien jadis dîmé ? Y a-t-il un seul homme qui veuille, qui désire voir rétablir la dîme ? S'il existait, on le considérerait comme étant complètement fou, ce serait demander l'impossible ; et, quoi qu'on en dise même, pour des Français, il y a des impossibilités qu'on ne peut faire disparaître, ou plutôt les impossibilités restent toujours des impossibilités. La France n'a jamais été aussi accablée d'impôts, de dettes, qu'elle l'est maintenant ; elle a grand besoin d'argent, ce ne sera pas avec la dîme qu'elle pensera à liquider ses énormes emprunts et solder son gros budget. Nous ne parviendrons à rétablir en bon état nos finances qu'en ayant un gouvernement fort, bien décidé à faire des économies. Pour ce qui concerne les biens féodaux, ils sont disséminés, morcelés aussi entre les douze millions de propriétaires qui possèdent des biens-fonds. Si, par impossible, on pouvait retrouver les titres de toutes ces terres féodales, ce seraient leurs possesseurs qui jouiraient des droits attachés à ces biens, droits qui ne peuvent plus exister, qui n'ont plus leur raison d'être, droits qui étaient assujettis à d'autres droits, que nous trouverions fort désagréables à exécuter. Les propriétaires de ces biens féodaux concédés par l'Etat, ou par un chef plus ou moins puissant, s'engageaient à soutenir, à suivre les donateurs lorsqu'ils allaient combattre leurs adversaires ; où pourrait-on trouver des titres de biens dîmés ou féodaux ? Si le propriétaire du bien féodal avait une famille, ses enfants, tout son monde valide devait, sur l'ordre du patron, se rendre dans la localité désignée par ce dernier, pour marcher contre l'ennemi du maître.

Les corvées, tant décriées, avaient, comme celles qui existent maintenant, pour but, de construire des ponts, des routes qui enrichissaient le pays par où elles passaient, en facilitant le commerce de ces localités. On cherchait à rendre l'abord des contrées à montagnes le plus doux possible et on y était parfaitement parvenu ; comme pour tout ce qui est entrepris, souvent on se plaignait de ces corvées et presque toujours sans raisons valables. Un intendant, dont j'ai oublié le nom, qui s'était principalement occupé de ce dernier genre de travaux, fut, de son vivant très-critiqué, blâmé, et même maltraité ; mort, on ne tarda pas à être reconnaissant de tous les grands et immenses services qu'il avait rendus à sa province ; les habitants de cette contrée lui dressèrent à leurs dépens, une statue que j'ai vue ; je ne me souviens pas bien la localité où elle se trouve encore ; il me semble qu'elle est placée près de Bagnères-de-Bigorre.

Je ne parlerai pas du droit du seigneur ; notre si spirituel critique, M. Veuillot, l'a mis à néant ; il a prouvé d'une manière irréfutable qu'il n'avait jamais existé. Cette très-mauvaise plaisanterie a cependant été exploitée, avec le plus grand succès, par les révolutionnaires..... Elle était flatteuse pour nos pères, cette plaisanterie, cette hideuse calomnie, qui les représentait comme ayant eu la bassesse de supporter pendant des centaines d'années un si honteux droit. Sans cesse on représente nos anciens rois comme ne sachant pas être de leur temps. Quelle erreur ! quelle injustice ! S'il en avait été ainsi, jamais la France n'eût atteint la glorieuse prospérité dont elle a joui si longtemps, et aussi sous Louis XVI, des libertés les plus grandes qu'une nation puisse désirer avoir. Loin d'être des bornes, des despotes encroûtés, nos rois ont toujours été disposés à faire toutes les transactions qui pouvaient être nécessaires à leur patrie, et contribuer à agrandir sa puissance. On a le courage de dire maintenant que le gouvernement royal héréditaire n'est plus possible ! Veuillez donc, messieurs, avoir la bonté de nous expliquer, de nous dire ce qui vous engage à le repousser. Est-ce parce que cette royauté peut évidemment donner à notre chère patrie infiniment plus de libertés, de prospérité qu'aucun autre régime, quel qu'il soit, et nous faire recouvrer l'ancien rang que nous avions avant 93, au milieu des grandes nations ? Qui peut, mieux que cette royauté, nous faire contracter de sincères alliances ? Nos anciens rois ont été grandement récompensés de tout ce qu'ils ont fait pour la France par ce fidèle attachement que les Français leur ont conservé pendant mille ans, fidélité qui a fait le bonheur de notre chère patrie.

Quel est le gouvernement qui depuis quatre-vingts ans s'est montré aussi libéral que celui des Bourbons ? Le gouvernement actuel, comme tout bon Français, a le plus grand désir de sauver la France ; il arrête la turbulence, les secousses, les attaques des révolutionnaires. Nous devons conserver à l'illustre chef actuel de notre pays, le maréchal de Mac-Mahon, la plus sincère reconnaissance de ce qu'il a fait et fait encore pour la France. Après avoir si admirablement servi son pays, il lui sacrifie sa tranquillité. Je suis persuadé qu'il cherchera à relever autant que possible sa patrie du si triste et si prompt abaissement qu'elle a subi. Nos rois ont créé, fait la France assez forte pour pouvoir survivre à tous les affreux événements qui l'accablent ; elle est très-malade, et les Bourbons seuls peuvent parvenir à opérer sa guérison si difficile à obtenir : leurs antécédents doivent nous donner cet espoir. On n'a aucun reproche à faire au comte de Chambord ; on reconnaît que ce prince est très-capable, très-intelligent ; tous les Français font l'éloge de son noble caractère, de ses idées libérales ; on sait qu'il aime sa patrie avec amour ; comment se fait-il qu'on ne s'empresse pas de lui dire : Nous avons confiance dans votre loyauté, vous êtes notre roi.

Les républicains qui se disent très-avancés et civilisateurs, ont en horreur la liberté ; je crois en avoir largement donné les preuves, je vais cependant encore en ajouter quelques-unes à celles que j'ai déjà décrites. Exemples :

TÉLÉGRAPHE.

Bordeaux, 29 janvier 1871, 8 h. 5 m.

Intérieur à Préfets. — Télégramme (urgence).

AGEN. — « Saisissez le journal, l'abonné, le porteur et « les destinataires, car il y a culpabilité. »

Bordeaux, 7 janvier 1871, 7 h. 50 m.

« Vous devez en ce moment vous occuper de la nomination « de votre commission départementale. Si j'ai gardé le sou- « venir d'une conversation que j'ai eue avec vous à Lyon, je « suis bien aise de vous dire que vous méconnaîtriez nos « intérêts les plus chers si vous vous borniez à faire de « votre commission départementale un conseil de finance ; « il faut qu'on y sente l'esprit républicain ; par conséquent, « consultez plutôt les intérêts de la démocratie que vos « convenances administratives.

« GAMBETTA. »

Deux jours après, le citoyen Gambetta trouvant qu'il n'avait pas assez dit, adresse à tous les préfets, sauf celui de l'Isère (on ne sait pourquoi) la dépêche suivante :

Bordeaux, 9 janvier 1871, 10 h. 30 m.

Intérieur à Préfets. — Circulaire.

« Ne vous hâtez pas de préparer vos propositions pour « la formation de commissions départementales. D'autres « intérêts appellent vos soins ; il sera temps de vous en

« occuper, si de nouveaux sacrifices doivent être demandés « aux départements. »

M. Gambetta passe cependant pour être à peu près un modéré républicain ; il ne m'en saura pas mauvais gré, si je pense qu'il n'est ni un coupe-gorge, ni un *guillotineur*, ni communard, ni international, ni partageux, ni même un tueur d'ôtages, ni un septembriseur, ni terroriste. Que seraient donc ceux qui se vantent d'avoir tous les exécrables défauts que n'a pas M. Gambetta !

Je me souviens de toutes ces gentillesses que les vrais et francs républicains se complaisent à dédier aux *aristos* ; est aristocratique celui qui porte une redingote, quelque râpée qu'elle soit. A la lanterne l'aristocrate ! Ça ira, ça ira bien ; je ne voudrais pas être à la place des aristos, à la lanterne. Tant qu'on s'en tient à la menace elle est désagréable, mais on finirait par en rire, si des menaces on n'en arrivait aux faits. Un homme qui passe pour être riche est l'ennemi du peuple, lors même qu'il chercherait à lui être constamment utile de toute manière. L'homme riche, connu pour être un franc et très-ardent républicain, ne tarde pas à être casé dans la catégorie des hommes qui mangent le pain du pauvre monde, et il en subit les conséquences qu'on connaît. Hier encore, j'avais sous les yeux des articles inqualifiables de certains journalistes, le style et les pensées se valent ; en voici deux courts échantillons : « Le bourgeois est pourri ; il parle de reconstruire, nous ne voulons que détruire et pas du tout édifier. » Autre citation, tirée du remarquable rapport fait sur l'affaire du complot de Lyon : « Les socialistes s'organisent pour détruire toute organisation, toute discipline, qu'elle soit républicaine ou monarchique. » Programme répandu dans le midi de la France par les réfugiés qui sont en Espagne : « considérant que l'organisation d'un pouvoir quelconque, qu'il émane du droit divin ou des armées populaires, qu'il soit destiné à être définitif ou, comme certains le veulent, à préparer la révolution, est un obstacle à l'émancipation libre des travailleurs, nous nous placerons sur le terrain de l'anarchie et nous en défendrons les principes ! » Voilà de la haute civilisation; il ne faut plus s'étonner d'entendre beaucoup d'habitants de la campagne dire et croire fermement que, sous la République, tout est permis (hormis le bien.)

C'est vraiment merveille de voir les journaux qui parlent si haut, si souvent de liberté, s'efforcer continuellement de la faire disparaître entièrement. Le journal la *République française*, qui, avec celui du *Temps*, passent pour être modérés, disent que l'Etat quel qu'il soit, doit être entièrement le maître d'élever tous les enfants de la France à sa façon, sans idées religieuses si ça lui convient, et ça doit lui convenir. Le père et la mère de famille ont eu jusqu'à ce jour le droit de vêtir, de nourrir leurs enfants comme ils l'entendaient. Quant à la partie morale, intellectuelle, spirituelle, à l'éducation, à l'instruction, toutes choses qui doivent avoir une si grande influence sur l'avenir de leurs chers enfants, il faut qu'ils y renoncent; le plus tôt sera le mieux. Les grands révolutionnaires et penseurs l'ordonnent. Selon ces citoyens, le bonheur de notre patrie est attaché à cette renonciation, et il y a quelques personnes intelligentes qui se disent modérées, qui émettent avec un incroyable zèle de telles théories. La prêtraille, les moines, les frères de la doctrine chrétienne ne peuvent que dessécher, gâter le cœur de la jeunesse française, l'abrutir. Nous devons nous empresser d'expulser tous ces arriérés cléricaux, congréganistes, qui sont aussi fainéants qu'ignares; ce sont encore leurs moindres défauts; l'ostracisme de tous les congréganistes est urgent à exécuter. Il y a principalement une caste cléricale qu'il faut expulser de suite de la France.

Le véritable, le franc républicain, a poussé la haine des jésuites jusqu'à la frénésie; pour lui ce sont à peine des hommes, ce sont au plus des parias. Le grand Frédéric s'en arrangeait bien des jésuites, il en demandait de la graine à son ami Voltaire. Le premier empereur les souffrait en France sous le pseudonyme des Pères de la Foi. Il faut avouer que tous les colléges des congréganistes et surtout ceux des jésuites sont bien remplis d'élèves; il leur arrive même assez fréquemment d'en refuser faute de place. Il y a beaucoup de familles qui tiennent à ce que leurs chers enfants soient élevés par les jésuites, quoiqu'elles ne partagent pas les opinions politiques qu'on suppose que doivent avoir les religieux ; elles savent, ces familles, que dans ces écoles leurs fils apprendront à aimer Dieu par-dessus tout, à chérir tendrement leurs pères et mères tout en les respectant, et aussi à leur être entièrement dévoués, ainsi qu'à leur patrie.

On ne peut pas dire que les jésuites (j'en parle principalement parce qu'évidemment de tous les religieux, ce sont ceux à qui on a voué la haine la plus accentuée), on ne peut pas trouver qu'ils sont trop exigeants, que leurs principes sont trop sévères ; jadis on leur a adressé le reproche contraire. Sévères pour ce qui les concerne, ils savent rendre la religion aimable, attrayante. C'est plutôt l'amour de Dieu qu'ils cherchent à inspirer que sa crainte ; direz-vous que tous ne sont pas des saints ? certes ce ne sont pas eux qui sont les plus éloignés de l'être. Très-certainement il serait à désirer qu'il n'y eût que des saints pour prêtres ; cela n'est pas possible et aucun prêtre ne se croit un saint ; beaucoup cependant le sont : de mauvais prêtres ne changent en rien le dogme qui n'en est pas moins bon. Les prêtres qui ont le malheur d'avoir réellement une conduite répréhensible sont au moins forcés de donner d'excellents conseils.

A-t-il jamais existé une corporation de magistrats, de militaires, de financiers, de commerçants, etc., où il ne se trouve des associés, des collègues tarés, déloyaux, indélicats ? Homme pour homme, c'est parmi les ecclésiastiques qu'on trouve le moins de criminels. Voit-on les congréganistes se réunir en sociétés secrètes ? ils s'en gardent bien, ils n'ont rien à cacher que le bien qu'ils font, ordinairement dans les pays où ils jouissent de la liberté religieuse. Ils suivent minutieusement les lois de leur patrie qui ne compromettent pas leur conscience. Les moines, si méprisés, partagent au moins une fois par jour leur soupe avec les pauvres qui les entourent. Ceux qui trouvent plaisant de dire assez souvent en riant, gras comme un moine, seraient très-attrapés si on les mettait au régime monacal.

Que n'a-t-on pas osé dire contre les jésuites ? il a été raconté très-sérieusement, qu'ils s'organisaient dans leurs caves, conjointement avec leurs nombreux élèves, en pelotons, bataillons de marche, ils passaient une partie de leurs journées à faire l'exercice du fusil et probablement du sabre ; je crois qu'on parlait aussi de celui du canon. Ces réunions souterraines n'avaient, bien entendu, d'autre but que de tirer sur le peuple. A-t-on jamais trouvé dans leurs établissements un seul pistolet rouillé ? ils étaient cependant menacés quelquefois assez sérieusement pour avoir le droit de se mettre en position de défendre leur vie. Les jésuites, comme les autres congrégations, ne se battent pas ; mais ils savent subir bravement le martyre chez les peuples les plus sauvages, les plus barbares dont ils cherchent à adoucir les mœurs en les convertissant au culte chrétien qui est le seul véritablement moralisateur ; ils ont encore à subir le martyre chez les nations dites civilisées, lorsqu'elles deviennent barbares. Ces hommes si dignes, si respectables, n'hésitent pas à sacrifier leur santé, leur vie, pour rendre service à leur prochain ; on s'acharne cependant à les traiter de fourbes, d'hypocrites ; c'est ainsi qu'avec ces deux mots si hardiment, si odieusement appliqués, on fait courir sur les jésuites et les moines et on les extermine. Ce n'est pas plus difficile que cela. De cette infâme calomnie, on déduit que l'homme hypocrite, est menteur ; donc les moines étant fourbes et menteurs, on doit les exiler ou les massacrer. Ne dit-on pas encore quand on a été trompé : tu m'as *jésuité* ; donc il faut se débarrasser le plus tôt possible de pareilles gens. Cette détermination est courte, mais elle est inique et cruelle, et ceux qui sont les persécuteurs des jésuites, le plus souvent mènent un genre de vie qui n'est pas du tout irréprochable. Quand on s'est adonné à cultiver la calomnie, on parvient très-facilement à devenir un fécond calomniateur.

Généralement ce sont les élèves qui sortent des colléges tenus par les congréganistes, les ecclésiastiques, qui obtiennent après concours, le plus de places dans les établissements de l'Etat. Les frères de la doctrine chrétienne ont aussi à peu près proportionnellement les mêmes succès sur leurs concurrents ; les écoles laïques sont souvent aussi bien tenues : cette concurrence donne de l'émulation aux congréganistes et aux laïques ; c'est à qui fera le mieux, et cet amour propre-là a du bon. Cela ne peut être nié et ne prouve pas précisément, il me semble, que les professeurs congréganistes soient ignares. On ne peut pas dire que les pensions des prêtres, des congréganistes, soient privilégiées par l'Etat, ce serait évidemment plutôt le contraire qui serait le vrai. Les cléricaux, les moines, les prêtres ne demandent, ne veulent aucun privilége ; ils se trouveraient très-satisfaits si on faisait la part égale aux institutions laïques et aux leurs. Sous l'ancienne monarchie, l'enseignement laïque et celui des congréganistes vivaient en bonne intelligence, et jouissaient des mêmes droits. Il y a peu de personnes qui ne sachent à quelle perfection de civilisation chrétienne le petit gouvernement du Paraguay était arrivé avec les jésuites ; j'en ai entendu parler publiquement, avec enthousiasme, à l'Hôtel-de-Ville de Paris, par un républicain très-prononcé, qui n'était pas du tout l'ami, le partisan de l'ordre des jésuites. A chacun sa part. Les moines, les hommes noirs ont pour habitude (et ils ne s'en cachent pas) d'inculquer autant que possible à leurs élèves la morale du Christ ; dans leurs chaires, ils cherchent à atteindre le même but avec leurs auditeurs. Je ne pense pas que de telles entreprises soient criminelles. Je me suis rencontré avec une dame danoise qui trouvait que les jésuites s'étaient hideusement conduits envers elle, parce qu'ils avaient cherché à la convertir au catholicisme. Croiriez-vous, monsieur, me disait-elle rouge de colère, qu'ils ont eu l'infamie de me proposer et de m'engager à changer de religion ? . . . .

. . . .

. . . .

Le premier empereur, sauf l'exécution du jeune de Condé duc d'Enghien, sauf sa séparation un peu spontanée de son armée d'Egypte qu'il a abandonnée dans une très-mauvaise situation (il la laissait, il est vrai, à un habile et honnête général, Kléber); sauf encore l'abandon de ses pauvres soldats dans les glaces de la Russie, le premier empereur, dis-je, a tiré pendant sept à huit ans un très-brillant parti du droit despotique, dont il s'était largement gratifié. Mais que de monde sacrifié, que de sang répandu, tant de son côté que de celui de ses adversaires, pour satisfaire son insatiable ambition! cette ambition aboutit à deux invasions complètes dans notre pays. Comme ce monarque a dû souffrir d'avoir une telle fin! Le deuxième empereur, dont le gouvernement était pour le moins aussi despotique que celui de son oncle, a eu une fin de règne aussi déplorable que possible. Il a dispersé une partie de ses troupes en pays lointains; il a eu encore la fatale idée d'entreprendre en Europe des guerres on ne peut plus aventureuses, surtout celle de l'Allemagne : jamais, je crois, guerre n'a été aussi désastreuse que cette dernière! les Allemands nous ont fait trois cent cinquante mille prisonniers! leurs chefs étaient étonnés, stupéfaits, d'avoir remporté une telle victoire, si promptement acquise. Guerres, finances, travaux ont été aussi malheureusement dirigés que possible par l'empereur Louis-Napoléon qui gouvernait la France comme il l'entendait, suivant son caprice. Le total de la dette, sous le second empire, est devenu colossal, il a atteint une progression, jusqu'alors inconnue, et qui se continuait. Franchement, si le peuple français est satisfait de ces règnes des deux empereurs, s'il en a conservé bon souvenir, il me semble qu'on a grand tort de dire qu'il n'est pas facile à gouverner.

Quant à notre ancienne famille royale, toutes les personnes de mon âge dont le nombre est très-diminué, doivent, si elles sont impartiales, se ressouvenir qu'après les deux déchéances du premier empereur, les Bourbons et leur drapeau, qui était celui de la France, ont été accueillis avec le plus grand enthousiasme : ce drapeau a été vaillamment soutenu par ces princes. C'est bien avec ce drapeau que sous la Restauration le duc d'Angoulême et son armée ont parcouru toute l'Espagne, et apaisé, pacifié les discordes de ce noble pays ; c'est avec ce drapeau que nos soldats ont expulsé les Turcs de la Grèce, et se sont emparés d'Alger.

De tous les gouvernements que nous avons eus depuis 80 ans, quel est celui qui a donné autant de libertés à notre chère et pauvre patrie, qu'elle en a joui sous les règnes de Louis XVI, de Louis XVIII, et même sous ceux de nos anciens rois ? C'est bien cette royale famille, illustre entre toutes, qui a créé notre belle France jadis si puissante, si écoutée, si respectée, comme je l'ai déjà rapporté, et dont l'alliance était si recherchée. Qui peut le nier ? Je l'ai prouvé plusieurs fois, ce que j'avance, par des faits accumulés et irréfutables. Je ne le dissimule pas comme l'honorable savant Buchez, républicain prononcé, mais impartial ; je crois fermement que la vie de la France a été dans la continuité de l'ancienne monarchie ; le roi est mort, vive le roi ! Voilà qui peut arrêter les révolutions. On regrettait le roi, mais on n'avait pas à craindre que sa patrie fût troublée par ce triste événement. Pendant les mille ans de règne de nos anciens rois, il n'est jamais venu à l'idée d'un seul Français, que les Bourbons pourraient un jour, trois fois néfaste, être expulsés de leur patrie, tant ce gouvernement lui convenait. Celui qui l'eût prédit, ce fatal événement, aurait été considéré comme étant fou ; c'est ce qui arriva à l'excentrique Cagliostro, personnage mystérieux, dont on ne connaissait pas les antécédents, mais dont l'esprit était prisé ; on ne savait d'où il venait, on ne le considérait pas comme un homme sérieux. Quelques jours avant le si triste évènement de la Révolution de 93, il assistait à un bal donné par un haut employé de la cour ; il se mit à prédire les malheurs qui étaient près de fondre sur la France, il en spécifia plusieurs qui ne se sont accomplis que trop promptement. Il annonça entre autres à une des gracieuses danseuses, qui plaisantait de ses prédictions, qu'elle mourrait prochainement sur l'échafaud ; cela fut dit sur un ton lugubre qui ne parut pas effrayer cette jeune dame. La prédiction s'accomplit comme le personnage mystérieux l'avait prédit. On n'entendit plus parler de Cagliostro après sa sortie du bal. J'étais assez lié avec un des invités à ce bal ; il assurait avoir entendu les tristes oracles de Cagliostro.

M. Thiers, qui n'est pas un Cagliostro, a commis une énorme faute en faisant une si grande dépense d'ingénieuses finesses pour éloigner le comte de Chambord du trône ; il faut convenir que s'il n'a pas positivement prédit que la guerre avec les Allemands nous serait des plus funestes, il l'a prévue et a fait tout ce qu'il a pu pour éloigner l'empereur et l'impératrice de l'entreprendre ; il faut lui en savoir gré. Si on eût suivi ses avis, la France ne serait pas dans la triste situation où elle se trouve. On assure que les conseils donnés par M. Thiers sont toujours bons lorsque sa personnalité n'est pas en jeu; il devrait la mettre de côté, sa personnalité, et cesser de se laisser plus qu'influencer par son plus ancien ami, M. Barthélemy-Saint-Hilaire ; ce dernier, après de très-longues circonlocutions, savamment embrouillées, arrive, dit-on, à penser qu'on a eu tort de considérer Louvel comme un assassin et de le condamner à mort ; (probablement parce que l'assassiné était un prince), le condamné ayant été très-calme, avant comme après le crime qu'il avait commis avec préméditation, mais sans haine pour sa victime.

C'est au tour de M. Thiers d'influencer M. Barthélemy-Saint-Hilaire. En mettant de côté tout amour-propre, M. Thiers et même M. Barthélemy-Saint-Hilaire reconnaîtront, plus facilement qu'ils ne le pensent, que le principe de la royauté héréditaire, si bien représenté par le chef actuel de la famille des Bourbons, peut seul sauver la France. Les personnes qui contribueront le plus à cette restauration auront leurs noms vénérés, gravés dans l'histoire, à côté de ceux qui ont rendu et rendront les plus grands services à notre bien-aimée patrie. D'après ce que M. Thiers a écrit sur Barodet qu'il traite d'incendiaire, de communard, il ne doit pas lui être pénible de se séparer pour toujours des républicains.

Quant aux gouvernements à plébiscites, ils ne peuvent assurer un long avenir aux nations qui s'adonnent à ce très-turbulent, très-despotique, très-immoral, très-faux et perturbateur régime ; les gouvernements qui l'adopteront arriveront promptement à leur complète décadence.

On n'accusera pas l'excellent et très capable comte de Chambord d'être un intrigant ; il n'a pas d'autre ambition, ce prince, que celle de rendre notre patrie aussi heureuse, aussi prospère qu'elle l'a été, et de rétablir entre Français cette union qui fait la force d'une nation. Les républicains, même les plus progressifs et révolutionnaires, sont assez impartiaux pour reconnaître qu'on doit avoir confiance dans sa parole ; il ne voudrait pas être le roi d'un parti ; il le serait, il le sera, il faut l'espérer, de tous les Français. Les légitimistes ne sont pas accapareurs de places ; il y en a fort peu, s'il y en a, qui se servent d'émissaires pour obtenir la majorité des votes déposés dans l'urne électorale ; on ne peut pas non plus leur faire le reproche d'être intrigants, ils ont le défaut contraire ; les joutes d'élections ne leur vont pas.

Depuis 25 ans, sauf pendant la grande crise, le vote universel (je pense ne pas me tromper) a été très-travaillé, très-faussé. J'ai oublié de faire mention d'une catégorie de très-estimables électeurs que je serais très-embarrassé de classer ; sont-ils républicains, monarchiques ? Je ne saurais le dire ; ils assurent qu'ils sont conversateurs. Ces patriotes électeurs ont adopté, il me semble, une devise politique un peu singulière ; elle me paraît, cette devise, plus courte qu'elle n'est claire ; la voici : Ni blanc, ni rouge. Je ne me souviens pas si c'est le blanc qui est en tête de cette solennelle sentence. Je n'ai pas de réflexions à faire sur la couleur rouge, j'en ai déjà probablement parlé trop longuement ; la couleur blanche ainsi posée est, je pense, le synonyme de légitimiste. Donc, les légitimistes doivent, d'après la dite devise, être exclus, repoussés comme indignes, de toutes les réunions de conservateurs ; tout en sachant être de leur temps, les légitimistes, sauf de rares exceptions, ont toujours conservé leur croyance qui n'est pas du tout perturbatrice : donc, ils sont conservateurs.

On ne les voit pas, on ne les entend pas crier : Vive la République, n° 1er, n° 2, n° 3, n° 4, vive l'empire, le césarisme, le plébiscite, le socialisme, l'internationalisme. Ils peuvent donc véritablement avoir la prétention d'être conservateurs, mais de qui, de quoi? de l'ordre, de la tranquillité, de la prospérité dans leur pays et d'une royauté héréditaire? Elle a fait, cette royauté, une gentille position à notre pauvre patrie; elle seule peut nous assurer encore un long avenir de glorieuse prospérité ; je l'ai émise souvent, cette phrase, c'est ma croyance, c'est ma devise politique ; j'espère qu'on voudra bien me la passer. Cette croyance est plus répandue qu'on ne le pense, mais il y a certains moyens que les légitimistes ne voudraient pas, ne veulent pas employer pour la fortifier; les conciliabules clandestins, nocturnes, les sociétés secrètes, ne leur vont pas ; le terrorisme leur va encore moins. Il y a certainement un grand nombre de républicains de la veille et du lendemain, et d'autres qui, remplis de bonnes intentions, ne voudraient pas soutenir leur république en furieux ; il y en a même de très-zélés, de très-violents qui, pour l'étayer, ne consentiraient pas à gouverner notre pauvre France à la manière des Robespierre, des Danton, des Marat, des Carrier, etc... Sous le régime républicain, tous les démocrates dits modérés, comme toujours, un peu plus tôt, un peu plus tard, seront débordés, dépassés par les Montagnards. Les Girondins, eux aussi, espéraient arrêter la fougue sanguinaire de leurs terribles collègues terroristes.

Les Prussiens, leurs journalistes, ou du moins la plus grande partie s'empressent de nous donner un conseil d'amis ; il nous engagent fort à établir une bonne république dont *ils ne veulent pas* pour eux. Quel désintéressement! ils se gardent bien de nous engager à élire pour roi le comte de Chambord, et pour cause ; ce qui peut nous convenir ne leur convient pas, aux Prussiens.

Le très-jeune prince Napoléon leur irait même assez quoique son grand oncle le Ier empereur eût été plus que dur pour la famille royale de Prusse, maintenant royale et impériale; d'après ce que marquent des journaux sérieux, les ministres de l'empereur d'Allemagne, roi héréditaire cependant, ont très-nettement déclaré aux Espagnols qu'ils pouvaient, s'ils le désiraient, établir la république dans leur pays. Mais le gouvernement prussien tient positivement à ce que don Carlos, Bourbon, ne soit pas proclamé roi de ce beau royaume, jadis aussi si florissant, si puissant. Cet ordre est clair, il n'a pas besoin d'explications. En Espagne, ce sont les braves habitants de la campagne qui très-volontairement défendent avec le roi héréditaire.et Bourbon, leurs libertés; ils forment un corps d'armée de 70 mille hommes.

Je finis par deux simples réflexions, mon trop allongé factum politique, passablement diffus, j'en fais mes excuses à mes lecteurs (si j'en ai). Toutefois, je crois avoir dit à cœur ouvert toute la vérité, rien que la vérité, sans aucune haine personnelle, sur les divers sujets dont il est question dans ma trop faconde et très-incorrecte prose.

Ma prose est infiniment trop prolixe, je le reconnais, et voilà cependant que ma plume, conduite par une très-vieille main, tient encore à ne pas s'arrêter. Il n'est pas douteux, je crois l'avoir positivement démontré, que tous les gouvernements dont nous avons essayé depuis 80 ans, ceux des Bourbons excepté, ont eu de déplorables résultats. Des personnes honorables, assurent que cette royauté héréditaire, traditionnelle, n'est plus possible ; il y a quelques semaines cependant elle était acceptée, cette royauté, avec enthousiasme par les conservateurs, et même assez volontiers subie par un grand nombre de républicains. Aucune des conditions convenue n'a été retranchée, et toutes étaient des plus libérales ; aucun autre gouvernement ne pourra en concéder de pareilles ; elles ne laissent rien à désirer, sauf pour quelques personnes, la couleur du drapeau, obstacle qu'il était facile de lever, de résoudre. L'esprit, le moral, les habitudes des Français, se sont-ils assez modifiés en quelques jours, pour pouvoir penser que le régime républicain puisse convenir à notre nation? Est-ce un très-jeune prince de la famille des deux empereurs (même escorté par M. Rouher), famille qui a été exclue à perpétuité par toute la Chambre actuelle des députés, sauf cinq voix, qui peut être notre souverain? Il ne m'a été que trop facile de prouver que les deux règnes napoléoniens ont été aussi funestes que possible à notre malheureuse patrie.

Malgré les attaques sans cesse renouvelées de 1815 à 1830, des républicains et des impérialistes (associations que ces derniers paraissent regretter d'avoir contractées) les fonds de l'Etat étaient alors à 125, et allaient toujours en haussant. Le gouvernement de la Restauration inspirait donc beaucoup de confiance.

Il me semble que le vote universel laisse à désirer; il n'a été avantageux ni à notre malheureuse France, ni au second empereur. La difficulté à vaincre est de le régulariser de manière à ce qu'il ne puisse léser aucun intérêt; jusqu'à ce jour les électeurs ne paraissaient pas avoir contracté l'habitude de déposer leurs bulletins politiques dans l'urne; ils tenaient si peu à user de ce droit, que la plupart d'entre eux ne se donnaient pas la peine de venir voter à leur mairie. M. Gambetta qui, je n'en doute pas, se croit un bon citoyen, ne voulait pas, quand il était au pouvoir, que les ouvriers de la campagne eussent le droit de voter. La voix des masses n'est pas toujours la bonne; ces masses sont si exploitées par des personnages qui s'efforcent continuellement de les tromper, et stimulent leurs mauvais penchants, dont tous nous apportons le germe en naissant, germe qu'il est si essentiel d'atténuer par une bonne éducation.

Lorsqu'un chef d'Etat prend pour base de sa politique le plébiscite, il ne faut pas plus compter sur les chances de réussite qu'il prétend retirer de ce triste jeu, que le joueur qui, attiré par un faux appât du gain, risque de perdre à la roulette la fortune de sa famille en voulant doubler ses fonds. Le rouage du plébiscite, qui paraît si simple à faire marcher, est excessivement difficile et coûteux à entretenir; il y a tant d'électeurs et de directeurs d'électeurs à satisfaire depuis le premier échelon jusqu'au dernier !

Pensons à notre glorieux passé, de mille ans; c'est à la famille des Bourbons que nous en sommes redevables. M. Naquet a bien voulu nous prévenir que la République était le provisoire continu, avec l'Appel au peuple. Réfléchissons, réfléchissons très-sérieusement sur les suites que peut, que doit avoir un gouvernement si agité ; ce mouvement perpétuel, désordonné, lui sera toujours des plus funestes ; le progrès, ce n'est pas la désunion. Soyons unis, efforçons-nous de le devenir. Qui pourrait vouloir pour son pays un avenir aussi discordant, aussi despotiquement dissolvant que l'a été l'ensemble des gouvernements si divers que nous avons eus à subir? Ils nous ont conduits, ces gouvernements, à un abîme dont nous devons chercher à sortir. Souvenons-nous que la religion est un excellent guide, elle nous soutient sur cette terre, nous console, et nous donne l'espérance d'être récompensés, pour l'éternité, des peines, des douleurs que nous y aurons supportées avec résignation. Que de tourments, d'agitation nous nous donnons en ce monde, où nous ne faisons que passer !

Décidément, il paraît que le jeune prince Napoléon et son grand conseiller ont fièrement et despotiquement adopté pour base de leur gouvernement le plébiscite ; c'est leur charte ; je ne puis les en féliciter ; le régime plébiscitaire surexcité les passions, les développe ; c'est une mécanique politique excessivement coûteuse à faire fonctionner, et qui s'use promptement. Elle ne peut avoir ni un long, ni un bon avenir.

C'est par des promesses personnelles, multipliées, que le grand maître de ce spécial gouvernement cherche et parvient à accaparer les bulletins de chers électeurs; fortement stimulés, sachant qu'ils sont à certaines époques de petits rois collectifs, ils finissent par être très-exigeants à l'endroit de la récompense. Aux habitants des villes, des villages, des campagnes, on fait des promesses de toutes sortes, qu'on met plus ou moins à exécution, proportionnellement à la quantité de numéraire qui se trouve dans les caisses de l'Etat, et il en faut beaucoup de numéraire. On promet des places, des gratifications, des augmentations de solde, des ponts, des routes, des chemins de fer, des tableaux, des priviléges : c'est toujours du deuxième empire dont je parle. C'est une pluie d'or qui tombe aux pieds des bons électeurs. Tant tombe la pluie, qu'à la fin elle s'épuise, s'arrête ; les mains mendiantes des pétitionnaires, au contraire, se multiplient, il est impossible de les remplir toutes : alors les électeurs deviennent récalcitrants, puis mécontents, le gouvernement à plébiscite chancelle, il disparaît, et chose surprenante, ils ne semblent pas s'en douter. Ce sont les imposés qui paient toutes ces donations fort mal distribuées à tort et à travers. Qu'il est beau et séduisant, le gouvernement plébiscitaire ! Pauvre France, comme on te mène, on te gouverne ! Sous le règne du 2e empereur, les impôts étaient exorbitants, ses derniers budgets étaient de 2 milliards 250 millions, 2 milliards 350 millions, et il y avait toujours des suppléments de millions à ajouter aux budgets. Si le gouvernement de Louis-Napoléon n'eût pas de temps à autres contracté d'énormes emprunts dépassant quelquefois le milliard, les impositions seraient devenues impayables.

Une trentaine d'années, avant le règne de Napoléon III, les souverains s'étaient abstenus de faire entre eux de ruineuses guerres ; on avait extirpé de la terre, des bords de rivières, une énorme quantité d'or et d'argent ; ce métal était presque devenu commun, on le plaçait même assez difficilement. Louis Napoléon a profité de cette facilité qu'on avait de contracter des emprunts pour en surcharger notre pays.

La dette de la Restauration, malgré les deux invasions faites en France sous le 1er empereur, ne dépassait pas quatre milliards. Le prince Louis-Napoléon a parfaitement réussi à donner une grande valeur au numéraire ; cependant beaucoup d'électeurs qui, probablement, avaient profité de ses largesses, se plaignaient de ce que le gouvernement impérial ne renouvelait pas assez souvent ses emprunts sur lesquels, en plaçant pendant quelque temps leurs fonds, ils faisaient de forts bénéfices. Un tel gouvernement ne pouvait avoir une longue durée. Les Instituteurs qui, presque tous mariés, devaient craindre de perdre leurs places, avaient ordre de faire une active propagande en faveur des candidats à la députation, recommandés par l'autorité. Les électeurs, plus ou moins pillards, quelquefois même les déprédateurs accentués, tiraient aussi profit de leurs bulletins : ils étaient graciés, ou l'on atténuait les amendes qu'ils avaient à solder au gouvernement : souvent on leur en faisait une entière remise. Napoléon III pouvait calmer ses remords de conscience à l'endroit du plébiscite : il savait que plusieurs grandes nations, si elles n'autorisent pas positivement l'achat des votes, le supportent ; mais ce sont alors les candidats à la députation, et autres places qui ont à solder ces acquisitions. Les amateurs qui font commerce de votes espèrent qu'avec l'Empire ils pourront obtenir double solde, celle du gouvernement et les gratifications accordées par les candidats qu'ils patronnent ; alors on n'aura plus à se plaindre qu'il y a souvent un très-grand nombre d'électeurs, quelquefois plus de la moitié, qui, oubliant leurs devoirs de citoyen, négligent, ne veulent pas se donner la peine d'aller déposer leur bulletin dans l'urne. Elle contient cependant, cette urne, le sort heureux ou malheureux de tout un peuple. Le plébiscite est utile à quelques personnes, mais très-certainement il ne tarde pas à ruiner le pays où il est installé ; il est la plus grande prime qu'on puisse donner à la paresse, au farniente ; sous ce régime dissolvant, immoral, l'agriculture, le commerce s'effondrent. L'empereur Louis-Napoléon a pu, pendant une partie de son règne, donner un faux aspect de prospérité à notre chère patrie ; mais sa politique échevelée, étourdie, capricieuse, n'a que trop prouvé qu'une nation mal gouvernée arrive promptement à sa décadence.

La situation de la France, lorsqu'il a été nommé président de la République et est devenu empereur, était, on le sait, autre que celle où il l'a laissée ; notre belle capitale a été encore plus bouleversée que le reste du pays, toutes les rues qu'on démolissait avec un fébrile acharnement et qu'on rebâtissait, amenèrent à Paris plusieurs centaines de mille ouvriers. Entourés des jouissances les plus grossièrement séduisantes et malsaines, ces ouvriers s'y adonnaient avec entrain. On avait fini par ne plus trouver qu'avec peine des travaux assez importants pour les occuper tous. Ces masses d'ouvriers, qui avaient été attirés dans la grande cité, s'y plaisaient beaucoup et n'en voulaient pas sortir. Cette situation a été, en deux mots, très-judicieusement qualifiée : on l'a appelée le régime des travaux forcés.

Je ne vois pas que les agissements des deux empereurs et leur politique aient été avantageux à notre patrie; de quelque côté que je me tourne, je ne trouve, je n'aperçois que des débris, des ruines.

L'empereur Napoléon III avait hautement déclaré que, de même qu'il saurait mettre un frein assez puissant à tous les révolutionnaires pour les empêcher d'entreprendre leurs évolutions anarchiques, de même il ferait rentrer dans leur lit, nos fleuves, rivières, ruisseaux qui ravagent si souvent nos immenses vallées, détruisent tous leurs produits; c'était là une excellente pensée, une parfaite promesse, on ne l'a pas exécutée, précisément parce qu'elle pouvait avoir d'admirables résultats. On ne peut le dissimuler, le nombre des révolutionnaires a énormément progressé sous ce gouvernement.

Quelques mots sur notre dernière et si fatale guerre, qui a mis le comble à tous nos malheurs. Quels sont les personnages sur lesquels doit retomber une telle responsabilité ? N'est-ce pas l'Empereur qui a le plus contribué à amener cette effroyable catastrophe, conjointement avec le maréchal Bazaine, Le Bœuf et M. Rouher? A des degrés différents, tous les quatre sont coupables. On a fait dire au maréchal Le Bœuf qu'il ne lui restait qu'à se faire tuer en combattant les Prussiens ; il a engagé, dit-on, Napoléon à suivre son exemple. Si nos armées eussent été triomphantes, ce qui était moins que probable, l'honneur de la victoire fût certainement revenu à l'Empereur, généralissime de ses troupes ; il en a presque toujours rempli les fonctions, tant bien que mal ; pour être poli, je dirai aussi malheureusement que possible. Le nombre de nos soldats, leur équipement, le matériel de nos armées n'était pas du tout en rapport avec la lutte si sérieuse que nous avions à soutenir ; il devait le savoir.

D'après quelques notes qu'on a trouvées dans ses papiers (ce qui est presque incroyable), il le savait ; cela s'est dit, a été écrit et n'a pas été contredit.

L'empereur, dans toutes ses pérégrinations guerrières, était, à ce qu'il paraît, suivi par un grand nombre de voitures ; ses équipages étaient au complet et entourés par de nombreuses troupes. N'était-ce pas lui qui, au début de la campagne, avait pris le commandement des armées si mal campées, si dispersées. Plans, ordres, avaient été, assure-t-on, donnés tellement légèrement, que les chefs de corps ne pouvaient qu'être fort embarrassés pour les suivre. Beaucoup de soldats criaient à la trahison ; cette croyance fut promptement adoptée en France, dans les campagnes même les plus éloignées des villes. Ces cris des vaincus, à ce qu'il paraît, atténuent les souffrances de l'amour-propre blessé. Rarement ces démonstrations sont fondées.

Aux premiers coups de fusils tirés par les Français, on s'empressa de faire savoir, par tous les télégraphes, aux Parisiens, dans nos départements, que l'ennemi fuyait devant nos soldats ; ô malheur ! dont la France conservera toujours le cruel souvenir. Notre joie se changea promptement en douleur ; il ne s'agissait que de quelques milliers d'Allemands qui se rendaient aux postes où ils avaient l'ordre d'occuper.

Ces nouvelles, données par le télégraphe, ressemblent malheureusement un peu à cette exclamation, qu'on prête au dey d'Alger lorsqu'il vit le premier rang de nos soldats mettre un genou en terre : Vous les voyez, ils me demandent pardon, les Français.

Les suites de ce début ont été trois échecs subis par nos soldats. C'est alors que l'Empereur, s'apercevant trop tard qu'il n'était pas meilleur général qu'habile organisateur, cède sa place au maréchal Bazaine qui, sans préparation, sans plan bien arrêté, accepta le commandement de corps d'armées qui avaient loin d'avoir l'entrain, la fougue que donne la victoire. En acceptant une telle responsabilité, le maréchal s'est montré pour le moins téméraire. Nos corps d'armée ont prouvé qu'ils étaient aussi braves que malheureux. La conduite de l'ex-maréchal laisse à désirer. Il était coupable, il a été condamné à l'unanimité par des juges expérimentés qui n'ont pas cherché à trouver une victime, puisque également à l'unanimité ils ont recommandé le condamné à la clémence du Président de la République : ils ont ainsi reconnu des circonstances atténuantes. Il y a quelque chose, il me semble, de louche, d'infiltré dans ce si fatal événement ; l'on sent que l'ex-général en chef Bazaine a trouvé plus fin, plus rusé que lui, et qu'on l'a joué. Il n'y a jamais eu, je crois, depuis que le monde existe, une reddition de soldats aussi considérable que celle qu'il a effectuée ; elle est d'autant plus inexplicable que les cent soixante-treize mille braves soldats livrés comme prisonniers à l'ennemi, ne demandaient pas mieux que de sacrifier leur vie pour défendre la patrie. Les vivres à Metz allaient manquer, mais il n'en avait pas été toujours ainsi.

Lorsqu'on voit l'empereur Napoléon exécuter largement le même genre de reddition avec 84,500 hommes, c'est à n'y pas croire, on en est stupéfait. La première reddition de 173,000 hommes, la seconde 84,500, font un total de 257,500 hommes. Cherchez dans l'histoire l'exemple d'une pareille accumulation de prisonniers et de malheurs, vous ne l'y trouverez pas ; il est même assez probable qu'il ne se représentera plus désormais. L'Empereur a été déclaré déchu du trône de France ; on n'a même pas eu la pensée de le faire juger comme contumace, par un conseil de guerre. Quel était le plus, ou si l'on veut le moins coupable de l'ex-Empereur ou de l'ex-maréchal Bazaine ? Je rapporte des faits que je crois vrais ; si j'ai émis quelques erreurs, c'est bien contrairement à mes intentions, et je suis tout tout disposé à les rétracter ; c'est sans la moindre haine personnelle que je les émets. Je les rapporte parce que de ces faits on doit, si on est impartial, tirer des déductions qui peuvent être utiles à notre pays.

Je me résume : je pense ne pas me tromper en affirmant que les essais de gouvernements républicains et des deux empereurs Napoléon ont été, pour notre pauvre France, des plus malheureux. La République, c'est le désordre, le despotisme porté à son apogée, despotisme qui, s'il se prolonge, devient promptement sanguinaire. Idées religieuses, morale, gloire, crédit, tout ce qui peut véritablement faire prospérer une nation, s'affaisse, disparaît. Je parle principalement pour la France, j'ai dit ce que je pensais de tous les autres gouvernements républicains. Assurer, affirmer que nos essais de république n'ont pas eu assez de durée, n'ont pas été assez renouvelés pour qu'on puisse juger avec impartialité de leurs résultats, c'est la plus grande, la plus extraordinaire des erreurs. Les innombrables prisons, les noyades, les fusillades, le sang des suspects répandu sur toutes les places publiques de nos villes, nous ont assez appris où le régime révolutionnaire, montagnard et communard conduit. Comme jadis, la République ne peut vivre en France qu'entourée de bourreaux ; c'est là sa force : qu'on ne nous parle pas de la république modérée. Les républicains modérés, je le répète, seront toujours les victimes des masses, enivrées, excitées, exaltées par les grands meneurs qui finissent après avoir porté la désolation dans toutes les familles, par expier leurs crimes, ou en se tuant entre eux. Le sang des otages, tout récemment versé, n'a-t-il pas encore coulé assez abondamment pour nous faire repousser avec horreur ce cruel régime, dit libéral, philanthropique, fraternel? Ces hideux révolutionnaires qui se sont amusés à prétroler, incendier notre capitale autant que possible, et ont survécu à tant de forfaits, sont-ils repentants de leur diabolique fureur ? Ils se promettent une barbare franchise de les recommencer; ils regrettent que le brave maréchal de Mac-Mahon les ait empêchés de calciner toute notre belle capitale. Je plains très-sincèrement les personnages qui ne blâment pas hautement ces brûlantes, ces affreuses expéditions. Les plus coupables, sont les grands meneurs, qui excitent leurs subordonnés à commettre tant d'horreurs ; les premiers savent esquiver les châtiments qu'ils mériteraient subir, lorsqu'après tant de malheurs supportés énergiquement, les hommes dévoués, honnêtes, finissent par avoir le dessus sur les coquins. L'anarchie sait détruire, jamais elle ne saura édifier.

Voyons quels résultats notre belle France a obtenus de règnes de nos anciens rois. Boron, ascendant de l'illustre famille des Périgords a, dit-on, adressé cette fière demande à Hugues-Capet : « Qui t'a fait roi ? » Les Français peuvent se demander : Qui a formé notre nation, qui l'a rendue si florissante? la réponse est facile à faire spontanément : c'est l'illustre famille des Bourbons, qui pendant mille ans a gouverné si glorieusement notre chère patrie.

Le royaume, antérieurement à cette élection, était petit; la France était morcelée entre un grand nombre de princes, de ducs, de comtes, de très-nombreux et puissants vassaux, alors, comme jadis les rois Mérovingiens, Carlovingiens. Tous les princes partageaient leurs territoires entre leurs enfants ; les frères combattaient les uns contre les autres avec acharnement : ainsi que l'entendent actuellement beaucoup de républicains, la force c'était la loi. Fatigués d'une telle anarchie, princes, ducs, comtes, vassaux, comprirent que pour mettre fin à un tel régime, ils devaient élire un roi : ce fut Hugues-Capet à qui on offrit la couronne. La royauté n'était pas une sinécure. Hugues-Capet et ses successeurs eurent beaucoup d'obstacles à vaincre, pour créer cette France qui, sous le roi martyr, Louis XVI, était admirée, puissante, respectée.

Nos anciens rois avaient pour habitude de traiter, discuter toutes les affaires principales en assemblées générales ; cette habitude devint une loi inattaquable, tandis que nos chartes modernes, souvent ont eu d'éphémères durées ; les impôts étaient votés par cette assemblée générale. Comme l'argent a toujours été le nerf de la guerre, le roi ne pouvait en entreprendre, sans avoir l'assentiment de cette assemblée.

Nos rois n'ont eu, jusqu'au règne de Louis XI, qu'un pouvoir assez restreint ; jusqu'à la fin de l'époque qu'on est convenu d'appeler le Moyen-Age, ils étaient entourés de grands vassaux plus puissants qu'eux, quelquefois. Il arrivait que le vassal était peu soumis au pouvoir royal ; les monarques français ont eu plutôt à lutter contre l'aristocratie que contre les démocrates. Peu à peu, aux Assemblées Générales le gouvernement royal ajouta des institutions très-libérales ; les communes eurent le droit de nommer les échevins, et leurs assesseurs qui prenaïent vivement l'intérêt de leurs administrés. Les droits de la nation allaient toujours en progressant. Le grand roi dont le règne fut si brillant, n'avait pas, dans certaines villes, le droit d'y faire passer ses troupes. Les parlements firent presque constamment au gouvernement royal une opposition taquine qui, assez souvent, devenait, ressemblait fort à de l'hostilité ; elle était autrement sérieuse que celle faite au premier empereur, par un seul député : Dumolard.

Pendant la plus grande partie du règne de Louis-Napoléon, les députés, sauf cinq, qui se réduisirent à quatre, applaudissaient avec un joyeux entrain, et acquiesçaient à ce que le maître ou le premier ministre, M. Rouher, demandaient ou entreprenaient, souvent sans consulter la Chambre. M. Billault, M. Rouher, assez souvent n'étaient que médiocrement polis avec les députés. Ces deux ministres avaient été de zélés partisans de la République.

Nul homme en ce monde n'est parfait, mais Monsieur le Comte de Chambord est certainement un des princes qui approchent le plus de la perfection ; il est le digne représentant d'une illustre famille qui, comme je viens de le dire, a créé la France, l'a faite grande entre toutes les nations. Toutes les personnes qui ont eu l'honneur d'avoir quelques relations avec le prince, sont obligées de convenir qu'il est aussi capable que loyal ; lors même qu'elles ont des opinions très-éloignées de la sienne, elles conviennent de son mérite. Plusieurs républicains lui ont dit en lui faisant leur salut d'adieu : « Si nous n'étions pas républicains vous seriez notre roi. » Généralement on est persuadé qu'on doit avoir pleine confiance dans sa parole ; ce n'est pas le prince qui manquera à remplir les engagements qu'il aura contractés. A notre époque, une telle loyauté a son mérite. On dirait que c'est parce qu'on n'est pas parvenu à lui trouver ce qu'on appelle un seul défaut, que beaucoup de personnes ne paraissent pas désirer l'avoir pour roi ; elles semblent être ennuyées d'entendre toujours dire que le comte de Chambord est vertueux ; un prince vertueux, disent-ils, ne peut être qu'un calotin : voilà le grand mot décoché. A celui-là il faut ajouter ceux des dîmes, de biens féodaux, puis vient la fameuse phrase : Louis XVIII et sa famille sont arrivés en France dans les fourgons étrangers, il ne devait pas s'y trouver à son âge, à l'aise ; on entremêle encore le tout d'un peu du droit du seigneur, croyance qui commence à n'être plus admise.

Voilà à peu près, ou du moins principalement, l'érudition historique que les illustres meneurs, les amis selon eux, du peuple, les entrepreneurs de révolutions, inculquent dans les forts cerveaux de leurs nombreux affiliés. Les frais d'imagination à faire, comme on le voit, ne sont pas excessifs ; seulement on exige que ce vocabulaire politique soit fréquemment répété aux électeurs dont on cherche à accaparer les votes ; les chefs meneurs et payeurs ont une haute idée de la capacité de leurs émissaires, quand ces derniers paraissent complètement croire ce qu'ils racontent à leurs trop crédules auditeurs, dont ils se moquent de tout cœur.

Passons à une courte revue de ces récits mensongers : calotin, cafard, ce sont bien les deux synonymes. Où avez-vous vu, lu, que les rois de France étaient calotins dans l'acception du mot, tel que vous l'adoptez ? Citez-en un seul. Est-ce Louis XI, parce qu'il avait une petite vierge à sa casquette ? Les républicains l'aiment assez, ce roi, qui repoussait l'aristocratie, la traitait plus que durement. Sa religion, à ce monarque, était tout juste papale : il croyait aux astrologues : il faut bien avoir une croyance.

Maintenant, on croit, on veut croire à la puissance de la matière ; est-elle, cette croyance, plus rationnelle que l'astrologie ? Il prenait pour ministre-conseiller son barbier ; son bon côté a été d'avoir beaucoup aggrandi la France ; rien n'indique qu'il ait accordé ses faveurs aux ecclésiastiques. Est-ce Henri IV, est-ce même saint Louis qui avait un magnanime courage et a eu une si digne résignation dans son cachot, que les Mahométans, dont il était le prisonnier, l'admiraient et voulaient l'avoir pour roi ? Saint Louis respectait le pape, le souverain Pontife, comme étant son chef spirituel ; ainsi que les rois ses prédécesseurs, au besoin, il eût aussi défendu ses droits civils, ceux de son pays contre la tiare. Ce n'est pas non plus Charles X qui était calotin, cafard : on assurait qu'on l'avait surpris disant une messe. Quelle invention déréglée ? on a cependant essayé d'inculquer cette mauvaise plaisanterie à de trop faciles croyants. On a beaucoup parlé des fameux billets de confession qu'on devait montrer à je ne sais qui ; ce récit charmant raconté, a été colporté de tous côtés, du nord au midi, non sans succès, mais sans aucune preuve ; ce régime de confessions exigées, si on veut l'appeler ainsi, a duré, dit-on, au moins deux ans.

Etant alors au service dans un corps qui venait souvent en garnison à Paris, jamais je n'ai reçu aucun ordre de ce genre. Qu'on ait engagé quelques personnes à suivre les préceptes de l'évangile, c'est possible ; on n'eût pas en cela trop mal fait, je pense, la liberté de suivre ces conseils ou de ne pas les mettre à exécution étant laissée ; toujours est-il que ces conseils n'ont jamais été donnés ni à aucun de mes camarades, ni à des officiers de ma connaissance, ni à moi, je le répète ; et cependant ils n'eussent pas été mal appliqués. J'avoue que, comme je l'ai déjà dit, je pense, qu'il y a des choses, des maximes, qu'il est bon de répéter. Je suis de plus en plus convaincu qu'un peuple qui n'a pas de principes religieux s'en trouve fort mal. La prospérité d'une nation diminue dans la proportion que l'athéisme y prospère. J'ose même croire que si nous suivions exactement la morale indiquée tout simplement dans notre petit catéchisme, nous pourrions entièrement nous passer de gouvernement et de la force du sabre, ainsi que le disait le très-honorable Saint-Marc-Girardin dans sa chaire de la Sorbonne ; la force du sabre ne lui allait pas. S'il en était ainsi, nous nous aimerions tous comme de véritables frères, fraternité qui ne ressemblerait en rien à celle de la haute école révolutionnaire, et à son despotisme orné d'un si grand nombre de prisons et d'échafauds.

Calotin, c'est le mot qu'on est parvenu malheureusement dans une nombreuse catégorie de citoyens, à rendre le plus injurieux de notre vocabulaire ; un calotin clérical peut consciencieusement être jeté à l'eau comme une charogne. Ce qui a probalement suggéré l'idée de messes dites par l'excellent Charles X, c'est que tous les rois de France avaient l'honneur d'être chanoines de saint Pierre, sans avoir, bien entendu, le droit de consacrer la sainte hostie : il y a même aussi des cardinaux qui ne sont pas prêtres. Semez hardiment des calomnies, il y en aura toujours qui fructifieront. Beaucoup de personnes s'adonnent à ce travail et pensent qu'ils ne dépassent pas la limite de la médisance, faute presque aussi repréhensible assez souvent, que la calomnie. Le christianisme cherche à dompter les passions et y parvient, ou du moins il les atténue. Les passions donnent-elles du bien-être, devéritables satisfactions ? Les hommes qui mènent un genre de vie très-immoral, le dissipateur, l'avare, l'ivrogne, l'ambitieux, le voleur, sont-ils heureux ? Calotin, clérical, c'est bientôt dit.

Le clergé français ne passait pas du tout pour être ultramontain, qualification de l'époque ; il lui est arrivé de donner dans l'excès contraire, assez largement, même pour faire craindre pendant quelque temps sa séparation d'avec la papauté, sans laquelle il ne peut y avoir d'unité de croyance. Un vaisseau qui n'a pas de commandant est un bâtiment perdu, il ne tardera pas à sombrer. Les ecclésiastiques ne sont pas tous des saints, ils ont aussi leurs faiblesses ; cependant, hommes pour hommes, il est très-certain que c'est dans leurs associations qu'on rencontre incomparablement le plus de personnes qui mènent une vie exemplaire. Il est excessivement rare de voir un prêtre condamné à la peine du bagne ; et, quand cela arrive, il en est hautement et longtemps question dans certains journaux, qui s'en réjouissent, n'étant pas accoutumés à jouir d'une telle aubaine, d'un tel spectacle ; le mauvais prêtre même est obligé de donner de bons conseils, tandis que la conduite de l'athée assez souvent laisse à désirer, et, alors, il s'en vante et cherche à s'associer des imitateurs.

Ce sont les congrégations, les prêtres, les chrétiens qui ont créé tous les hôpitaux, les maisons de secours, d'asiles de toutes sortes. Avant le christianisme, il n'était venu à l'idée de qui que ce soit de construire des maisons de refuge. Je me souviens qu'à l'époque où l'empereur Napoléon Ier emprisonnait le pape et croyait emprisonner avec lui la papauté et l'anéantir, il eut la pensée, et la mit à exécution, de renvoyer toutes les associations de religieuses qui s'adonnaient exclusivement au soin des malades. Ces malheureux étaient alors si mal soignés, si mal traités, que Napoléon eut le bon esprit de réintégrer peu de temps après leur expulsion, ces bonnes sœurs, qui savent, elles, si bien adoucir les maux, les misères des pauvres. Ces sœurs, toutes dévouées à leurs malades, ne s'attendent à recevoir aucune récompense de leurs bonnes actions en ce monde ; elles savent que Dieu seul saura les récompenser comme elles le méritent de toutes leurs peines : on connaît leur vaillance au milieu des pestiférés, des cholériques, etc... Aucune récompense n'est anssi stimulante pour engager de tels chrétiens à venir au secours de leur prochain, que celle qu'elles savent que Dieu, le maître des rois et de l'Univers, leur réserve si elles le servent bien, si elles aiment leur prochain de tout leur cœur.

Voulons-nous comparer les agissements des gouvernements qui ont été implantés en France, plus ou moins légèrement depuis 80 ans, avec le règne des Bourbons de la Restauration? Je suis persuadé que tout homme qui voudra se donner la peine d'être impartial, préfèrera de beaucoup aux premiers celui de la royauté héréditaire. Sans l'hostilité acharnée faite à la Restauration, pour la détruire, par les partisans de l'Empire et de la République, la prospérité de la France eût indéfiniment progressé ; à la foudre, on oppose avec raison le paratonnerre, pour l'annuler. Quel malheur, qu'on se croie aussi forcé, également non sans raison, d'imposer aux Français, pour maintenir l'ordre et la tranquillité, la force des baïonnettes? Nous ne saurions trop remercier l'illustre Maréchal comte de Mac-Mahon duc de Magenta de ce qu'il veut bien troubler la tranquillité dont il pourrait jouir, après avoir rendu tant de services à la France, pour lui assurer encore son repos, à notre chère patrie! Mais cet état est-il normal? Cette situation ne laisse-t-elle pas à désirer?

Dernière réflexion qui a du rapport avec la politique, comme on le trouvera probablement, je pense, et surtout avec la politique très-humaine. Je viens d'acquérir la conviction qu'entre tous les points noirs qu'on découvre maintenant sur les différents horizons de nos départements, il y en a un dont on ne s'occupe pas assez : je veux parler des nombreux enfants qu'on dépose dans les tours des hôpitaux. Serait-il possible d'avoir des bâtiments spéciaux pour élever ces petits nouveau-nés, qui sont délaissés par leurs parents? Si je ne me trompe, on leur fait boire du lait au bibeton pendant quelques jours, puis on les confie à peu près au hasard aux personnes qui viennent demander à les élever, moyennant rétribution. On ne peut disconvenir que ces nourrices d'aventure font de cet allaitement, de cet élevage, une spéculation; généralement ce sont les femmes les plus pauvres qui entreprennent ces exploitations fort peu lucratives, assurément. Pour qu'elles le soient un peu, il faut que les éleveuses de ces nouveau-venus en aient plusieurs à nourrir, le plus maigrement possible. Sauf toujours quelques exceptions, ces femmes s'occupent plus de leurs enfants que de ceux qu'on leur a confiés; si les pauvres petites créatures survivent à ce rude et triste régime, dès qu'ils peuvent marcher, on cherche souvent à utiliser leurs forces outre mesure. De dix à onze ans on les laisse aller ordinairement pendant quelques mois au catéchisme, ils font leur première communion ; c'est la seule et si courte éducation chrétienne qu'ils reçoivent et ils en conservent rarement le souvenir, surtout actuellement à la campagne, où le plus souvent on a pris le prêtre en haine. Ils n'entendent plus parler de Dieu généralement que dans de très-vilains termes ; les mauvais exemples ne leur manquent pas. Leurs patrons doivent les envoyer à l'école, mais ils tiennent avant tout à faire travailler leurs malheureux élèves qui sentent que l'attachement de ceux qui, après Dieu, les ont créés, leur manque; encore s'ils surveillaient leur enfance et la dirigeaient au bien! Personne ne s'intéresse à eux, leur caractère s'aigrit, leurs mauvais penchants se développent sans frein, ils prennent en haine la société, ils dédaignent la probité ou plutôt ils ne la connaissent pas ; ils sont tels que la Providence les a fait naître, n'ayant reçu aucune éducation morale, des vices d'origine se sont rapidement développés. Leurs mauvais penchants sont encore stimulés quelquefois par les ordres qu'ils reçoivent d'aller grapiller chez leurs voisins, ce qui leur va parfaitement, à ces malheureux enfants; ils prennent goût à ces escroqueries, ils deviennent indisciplinés, indélicats. Rudement traités, la plupart du temps, tout les dispose, les excite à devenir de très-mauvais sujets, et on les voit plus tard figurer dans toutes les orgies révolutionnaires, sanguinaires que nous savons. Une grande partie de ces pauvres petits orphelins meurent chez leurs nourrices, je crois qu'il a été reconnu que c'était une des causes de notre dépopulation. Il y a encore à cet endroit quelque chose à faire, je dirai même beaucoup à faire, et promptement.

Cette fois, il ne me reste plus qu'à mettre fin à ma diffuse prose. Je tiens cependant encore à ce qu'on connaisse un ordre de M. Gambetta dont je n'ai pas fait, je crois, mention.

« *A Préfets.*

« Bordeaux, 13 janvier 1871, 5 h. du soir.

« Vous êtes autorisé à faire, au point de vue de la poli-
« tique républicaine, tous les changements que vous juge-
« rez utile, dans le personnel des Instituteurs ; quant aux
« Inspecteurs et Recteurs, vous voudrez bien m'en référer.
« Ce que je vous écris est confidentiel. »

Ainsi que le disait dernièrement un journaliste, dont je ne me rappelle plus le nom, lorsque les républicains ne sont pas au pouvoir, ils mésusent des libertés dont ils jouissent ; lorsqu'ils parviennent à l'accaparer ce pouvoir, ils s'empressent de les faire disparaître. Ma dernière remarque, qui est la clôture de mes récits et pensées politiques, est que les républicains, même les plus accentués, le plus souvent n'ont pas grande confiance de toute manière dans ce régime de gouvernement qu'ils acclament si tumultueusement. Un assez grand nombre de ces messieurs qui ont de la fortune ont la précaution, je ne crois pas me tromper, de faire passer leurs fonds à l'étranger, en Hollande, en Angleterre, en Amérique, et surtout en Russie. Ils observent parfaitement cette maxime :

« La prudence est la mère de la sûreté. »

Il y a un proverbe culinaire qui dit que l'appétit vient en mangeant, probablement quand la table est bien servie.

Ne peut-on pas dire aussi, que plus on use avec maladresse de sa plume, plus on éprouve le désir de s'en servir inconsidérément, indiscrètement ?

Cette faute, je l'ai commise, je l'avoue humblement, et je vais encore la commettre. Elle n'est pas des plus graves, nul n'étant forcé de lire ma défectueuse prose.

Je n'en désire pas moins qu'elle soit parcourue par de nombreux lecteurs. Qui sait, peut-être en sera-t-il ainsi, j'ose encore ajouter à mon gros bagage prosaïque, quelques réflexions qui me surviennent malgré moi.

J'ai lu dernièrement dans un journal qu'un député, non sans raison, affirmait que les instituteurs n'étaient pas assez rétribués ; il a trouvé le facile moyen d'améliorer leur position, sans avoir recours à notre énorme budget. On n'aura tout simplement qu'à augmenter encore le nombre déjà si grand, si considérable, des centimes additionnels, que les communes soldent tous les ans.

L'honorable député assurait que cette augmentation de centimes sera si minime, que les habitants des campagnes ne s'en apercevront pas.

Ils ont tant de produits à vendre, ils s'enrichissent si facilement, qu'on ne saurait trop avoir recours à leur bourse, à leur générosité.

On dirait que l'on a véritablement pris l'engagement d'accabler les agriculteurs de charges, d'impositions proportionnées aux incomparables services qu'ils rendent à leur pays.

Sauf quelques exceptions, toutes les communes sont fortement endettées, et elles vont avoir beaucoup de nouvelles maisons d'école à construire ; beaucoup de bâtiments devront être agrandis.

Les travaux des agriculteurs sont si rudes, si importants, si peu productifs, qu'il serait évidemment équitable de diminuer leurs charges, au lieu de les augmenter.

Tout en ayant une très-haute idée de la valeur des cultivateurs, je n'ai pas la prétention de vouloir prouver que tous les ouvriers de la campagne, et même les agriculteurs-propriétaires, mènent un genre de vie constamment exemplaire.

Depuis quelques années, il y en a quelques-uns qui ont contracté de mauvaises habitudes ; un assez grand nombre d'enfants, quelquefois même des électeurs et leurs femmes ont un goût prononcé pour les pommes ; ce n'est pas l'orgueil qui leur donne cette passion, ils préfèrent les poires aux pommes.

Jusque-là il n'y a aucun reproche à leur adresser.

Les amateurs de fruits de toute espèce ne se montrent pas difficiles dans leur choix, ils ne dédaignent même pas ceux qui ne sont bons qu'à faire du cidre ; leurs méfaits, les voici : ils s'empressent de faire des razzias complètes, fructivores, sur des arbres qui ne leur appartiennent pas. Comme ils craignent d'être devancés par d'alertes concurrents, tous ces fruits, les bons comme les mauvais, sont enlevés avec une ardente activité et mangés quand ils sont verts, lorsqu'ils ne sont pas encore formés. Pour accélérer leur besogne, ils cassent à tort et à travers les branches qui ont produit ces fruits, et n'en laissent pas un seul. On ne peut dire que ces pillards soient des partageurs. Quelques-uns des propriétaires dépossédés abattent leurs arbres, ayant perdu l'espoir de pouvoir en conserver les fruits; d'autres, pour se venger, se dédommagent de leurs pertes en faisant les mêmes ravages sur les terrains de leurs voisins.

Fatalement, quelques-uns de ces pillards passent des déprédations des pommes, des poires, à des enlèvements de blé et autres grains, de foin, de trèfle, d'arbres forestiers; ils font paître des bestiaux dans de très-jeunes pousses de plants de taillis dont ils ne sont pas les propriétaires.

J'ai été le témoin d'un de ces méfaits souvent renouvelés; il avait son mérite, l'escamotage me parut drôlatique. Cinq à six jeunes filles, de dix-sept à dix-huit ans, étaient employées à faire un choix de haricots, leur travail devait avoir une durée de seize à dix-huit jours; elles avaient pris la précaution de coudre à leurs jupes des sacs d'une remarquable ampleur, et, tous les soirs, ces demoiselles s'en allaient, leurs larges poches étant plus que pleines de ce légume farineux; il en découlait, çà et là sur leur route. Prises en flagrant délit elles assurèrent, à l'unanimité, que c'étaient ces maudits haricots qui, lorsqu'elles les épluchaient, s'élançaient malgré elles, avec un irrésistible attrait dans leurs sacs. Les maris futurs de ces demoiselles peuvent être certains qu'ils auront de petites femmes très-rangées, économes. Ces espiègleries pillardes finissent par coûter cher à celui qui les subit : on est surpris de voir quelquefois des propriétaires ayant de l'aisance s'adonner à ce triste commerce de rapines.

Il y a des propriétaires qui, au contraire pour satisfaire tous leurs électeurs, permettent qu'on pille leur bien ; la politique s'insinue actuellement jusque dans les hameaux et le plus souvent elle n'est pas des meilleures.

Lorsqu'on s'en occupait moins, la France, tant s'en faut, n'en était pas moins heureuse.

Il me paraît évident que les sentiments, les mœurs des citoyens français ne progressent pas précisément du bon côté. Jadis les fermiers, les serviteurs, les ouvriers, étaient sincèrement dévoués à leurs patrons; ils l'ont prouvé pendant la fameuse Révolution de 93, la plupart d'entre eux n'ont pas craint de perdre leur vie, pour les sauver. Plus tard, je me souviens qu'ils avaient encore conservé à peu près les mêmes sentiments. En parlant des biens de leurs maîtres, ils disaient : ma maison, ma terre; ils savaient parfaitement, ainsi que les fermiers, qu'ils ne seraient jamais exclus de cette maison, de leurs fermes. De son côté, le patron traitait en ami ses fidèles serviteurs; les soignait avec intérêt, quand ils étaient malades et pendant leur vieillesse. Changer de domestiques, il y a quarante ans, était un événement tout à fait exceptionnel. Maintenant l'ordinaire est de ne les conserver qu'un ou deux ans; les cultivateurs, le plus souvent, ne renouvelaient pas les baux de leurs fermes; lorsqu'ils étaient trop vieux pour travailler, leurs fils les soignaient avec tendresse et vénération ; le vieux père, la bonne mère, avaient, aux deux coins du foyer, le fauteuil, la chaise qui indiquait la maîtrise, et ils conservaient toujours les titres de maître et maîtresse.

Les habitants de la campagne reviendraient promptement à de meilleurs sentiments, s'ils suivaient les préceptes de notre divine religion, et ils n'auraient qu'à s'en féliciter. Le meilleur guide que l'homme puisse avoir en ce monde, dans quelque position qu'il se trouve, qu'elle soit brillante, modeste, malheureuse, c'est la religion, ne l'oublions pas.

Un des plus grands hommes de l'antiquité, celui que quelques enthousiastes ont appelé le divin Platon, qui paraît avoir à peu près prévu la venue du Christ, disait que vouloir gouverner une nation sans idées religieuses, c'était essayer de construire une cité dans les nuées. Dieu veuille qu'il descende des nuées, pour la France, une ou deux bonnes alliances. Dans notre situation actuelle surtout, c'est plus qu'un grand malheur de voir une nation comme la nôtre aussi isolée et sans influence.

Il se passe, (comme l'eût dit infiniment mieux que moi l'aimable et spirituelle Mme la marquise de Sévigné, qui trouvait le roi Louis XIV si grand, surtout quand elle dansait en face du brillant monarque), il se passe, dis-je, des choses, des événements extraordinaires qui sont vrais et auxquels on n'ajoutera pas foi dans cent ans.

Comprend-on que la reine d'Angleterre, l'empereur d'Autriche, le roi de Prusse, aient pu se décider à reconnaître le pouvoir du maréchal Serrano?

Pourrait-on dire ce que représente ce général ? Qu'a-t-il fait pour être reconnu par ces trois souverains, le maître suprême de l'Espagne? Est-il un soldat d'une très-grande valeur, d'un grand mérite? Est-ce une action d'éclat qui lui a valu cette reconnaissance? A-t-il été nommé, au poste qu'il occupe actuellement, par le peuple espagnol, par les membres des Cortès? Il ne veut même pas leur permettre de siéger dans leur salle de réunion. A-t-il vaincu ses adversaires? C'est le général Pavia qui nuitamment, militairement, selon l'habitude des révolutionnaires, a fait le prononciamento auquel le maréchal Serrano est redevable de son autorité précaire.

Le maréchal posera-t-il sur sa tête la couronne ou le bonnet phrygien? Se contentera-t-il de travailler pour un prince Hohenlohe, pour le roi de Prusse, ou pour son ancienne souveraine, qu'il a délaissée? Il lui devait cependant son rapide avancement.

Il est assez probable qu'il se trouvera prochainement heureux de pouvoir encore une fois se déguiser, pour fuir ses collègues révolutionnaires et s'éviter ainsi le désagrément d'être leur victime.

Qui se serait douté qu'à une époque aussi agitée que la nôtre, l'autorité d'un tel personnage serait reconnue par trois grandes monarchies héréditaires? Plus que jamais on s'efforce actuellement avec un infernal entrain, de faire table rase de tous principes traditionnels.

Evidemment, cette reconnaissance est faite au préjudice d'un vaillant prince, qui aussi est le digne représentant de la royauté héréditaire.

Ce prince combat, pour défendre les libertés, les fueros de son pays, qui a eu tant à souffrir de ses révolutions, de ses prononciamentos militaires, si souvent renouvelés depuis la mort du roi Ferdinand VII!

Gravement malade, sous la pression aventureuse de la reine Christine, sa femme, ce monarque a aboli l'ordre de succession que Philippe V avait établi cent vingt ans auparavant. Comme argument, la reine Christine citait un décret de Charles IV, sanctionné par les Cortès en 1789, décret qui n'a jamais été publié.

D'après la pragmatique de Philippe V, la succession n'était admise pour les femmes, qu'en l'absence de tout héritier mâle, à quelque degré que ce fût.

Louis IV avait aussi voulu sauvegarder l'intérêt français en Espagne, en écartant les influences étrangères par l'alliance. Cette règle complétait l'œuvre du grand roi Louis XIV.

Les rois de France et de Naples se préparaient à protester contre l'acte du roi Ferdinand VII.

Le duc d'Orléans, dont les intérêts étaient liés à ceux de la maison de Bourbon, poussait activement cette protestation; les révolutions qui suivirent y mirent fin. Tous les chanceliers, surtout celui de France, s'émurent beaucoup de ce changement du droit héréditaire royal d'Espagne.

Examinons, comparons les agissements de dom Carlos à ceux des généraux espagnols.

Ce prince s'est jeté au milieu de ses chers compatriotes, n'ayant aucunes ressources, sans armes, sans canons, sans munitions, accompagné par quelques amis. Beaucoup d'étrangers lui ont proposé de s'associer à sa noble et intrépide entreprise, de combattre à ses côtés; il a refusé leurs offres généreuses, désintéressées, et leur en a témoigné toute sa reconnaissance : patriote peut-être à l'excès, il veut vaincre ou mourir avec ses bien-aimés compatriotes. Comment s'est-il trouvé des journalistes qui ont eu le triste courage d'écrire, que cet admirable prince était un brigand de routes ? Ils auraient dû au moins ajouter un preneur de villes, de vallées et de montagnes.

A leurs débuts, ses défenseurs étaient d'abord armés de bâtons, de quelques mauvais fusils ; ils ont su s'en procurer sur leurs champs de batailles.

Il est équitable de comparer le manifeste de ce prince espagnol avec celui de son plus rude et plus habile ennemi. Il dit, ce prince, et il le pense, que tous les espagnols lui sont chers, il rend justice à la bravoure de ses adversaires. On l'a indignement accusé d'être cruel, il prie instamment ses détracteurs de venir dans son camp, ils verront que les prisonniers blessés sont soignés comme ses soldats, qui sont aussi mutilés, souffrants : très-souvent les prisonniers valides sont renvoyés de suite dans leurs foyers ; les officiers supérieurs, prisonniers, sont admis à sa table. La jeune, charmante et brave princesse, l'épouse du prince, pendant les deux mois qu'elle a passés avec son époux, a employé une partie de son temps à soulager, soigner les malades, amis et ennemis.

Le prince a prévenu qu'il punirait sévèrement les pillards et surtout les incendiaires, ceux qui se conduiraient en sauvages avec ses soldats ; il a fait quelques exemples de républicains pris en flagrant délit d'assassinat ; il vient encore de faire grâce à des prisonniers, qui, s'étant cachés pendant la nuit, avaient assassiné plusieurs de ses fidèles combattants ; les républicains ont souvent, cependant, massacré ses blessés !

Le manifeste du général Concha est clair, court et affreux ; pour être loyal, il faut le comparer à celui de don Carlos : « Je pillerai, dit le général, toutes vos maisons, « vos villes et vos villages ; puis je les ferai entièrement « incendier ; vos églises seront ravagées, toutes vos mois- « sons brûlées ; je hacherai par morceaux toutes vos ter- « res, de manière à les rendre incultivables. »

Ce monstrueux, cet exécrable manifeste, a été exécuté ponctuellement. — Ce chef d'armée, Concha, frappé à mort par la balle d'un des soldats qu'il voulait exterminer, a survécu pendant cinq quarts d'heure à sa mortelle blessure.

On rapporte qu'il a bien employé le peu de temps qui lui restait à vivre; il s'est confessé à un prêtre catholique, dans un village qu'il avait incendié, dans une église qu'il avait ravagée.

Quoique très-coupable, ses crimes, expiés, lui seront pardonnés; plus justes que ne l'avait été le général Concha, ses ennemis ont reconnu qu'il était mort en brave soldat, il a sauvé toute l'artillerie de son armée.

Le maréchal Serrano et son gouvernement se sont empressés de continuer à exécuter le barbare manifeste de Concha. Ayant besoin d'argent, ils ont sequestré les biens appartenant à des familles suspectées d'être les partisans du roi héréditaire.

Déjà un très-grand nombre de ces suspects sont emprisonnés, exilés, sans jugement; fort satisfait de ces expéditions, le chef de ce pouvoir, qu'il est inutile de qualifier, est persuadé qu'avec l'aide de ses pillages de biens, il parviendra à entretenir, à solder largement ses troupes, son budget et les intérêts des dettes dont est grevée l'Espagne.

Quand on emploie de tels moyens pour soutenir sa cause sans crainte de se tromper, il est permis de dire qu'elle est des plus mauvaises; il y a cependant des journalistes qui les approuvent.

On peut ajouter que la nation qui les approuve, les souffre, est très-malade.

La reconnaissance du général Serrano par trois puissances ne le sauvera pas. Au lieu de se désunir, les rois, les empereurs, même celui de la Prusse, dans leur intérêt, devraient se soutenir, rester unis pour assurer le bonheur de leurs pays en défendant sagement leurs droits. C'est ainsi qu'ils peuvent arrêter l'orage révolutionnaire qui va toujours en grossissant, et qui menace toute notre civilisation, sous prétexte de la perfectionner à la manière des fameux civilisateurs de 93, des socialistes, des internationaux.

J'aime les proverbes ; quand ils ne sont pas favorables, ils nous avertissent souvent des malheurs dont nous sommes menacés. Autrefois ils étaient considérés comme étant la sagesse des peuples.

Plus un homme est riche, plus il cherche à augmenter sa fortune : « Qui trop embrasse mal étreint, » on finit souvent par perdre plus qu'on a gagné.

Le deuxième empereur Napoléon, il n'y a encore que cinq à six ans, trouvait, conjointement avec le prince de Bismarck, que le territoire de la Prusse était trop serré, trop élancé, n'avait pas assez d'ampleur pour qu'il lui fût possible de se défendre facilement; la Prusse l'a acquise, cette ampleur, plus promptement que M. le prince de Bismarck et l'empereur Louis-Napoléon ne pouvaient l'espérer. Maintenant il manque au prince allemand une marine proportionnée à la grandeur actuelle de son empire ; il faut nécessairement à l'empereur et roi Guillaume des ports sur le grand Océan, la Méditerranée, etc...

M. de Bismarck sait parfaitement qu'on recherche très-volontiers l'alliance d'une forte et victorieuse nation ; il compte beaucoup sur l'obligeance des bons alliés de la Prusse qui ne voudront pas déranger ses projets, et à l'instar de Napoléon III, l'encourageront à faire cadrer la marine allemande avec son ampleur actuelle territoriale. On assure que notre ex-président, M. Thiers, qui trop modestement s'intitule le petit Bourgeois, lorsqu'il pourrait parfaitement se qualifier de grandissime bourgeois, chargé de nobles décorations, on assure, dis-je, qu'en tête-à-tête avec M. de Bismarck qui lui faisait acheter la paix à de si rudes conditions, il se fâcha et dit à son imperturbable interlocuteur : Hé bien ! prenez la France et gouvernez-la.

« Votre France, lui répondit le prince, fort peu ému de la petite colère de M. Thiers, je n'en veux pas, mais je la ruinerai si vous n'acceptez pas mes propositions. »

M. de Bismarck avait fait assez longtemps de charmants mamours à l'empereur Napoléon III.

On sait ce que nous ont coûté ces mamours.

On sait encore que M. le prince de Bismarck n'est pas un chaud ami de la France, quoiqu'elle ait donné à la Prusse six milliards, non compris d'autres valeurs accessoires, dont le total dépasse cette première somme.

M. de Bismarck a surtout une répulsion des plus prononcées pour la famille royale des Bourbons. Pourquoi cette répulsion? elle provient de ce que, beaucoup plus qu'un grand nombre de Français, ce prince est convaincu que si le chef, le vrai représentant de la royauté héréditaire remontait sur le trône de ses aïeux, s'il régnait en France, spontanément notre pauvre pays recouvrerait son ancienne splendeur et sa prospérité jadis si enviée. Une France grande et puissante ne convient pas au chancelier de la Prusse et de l'Allemagne ; il pense qu'un tel changement pourrait déranger le vaste projet qu'il tient à exécuter le plutôt possible; il veut que sa patrie devienne positivement la plus puissante des nations sur terre et sur mer.

Le premier empereur Napoléon, ébloui par ses victoires, a aussi essayé de faire jouer le même rôle à notre France, qui, ainsi que lui, s'en est fort mal trouvée. Les internationaux poussent encore plus loin cette idée de former un Etat à nul autre pareil. Unitaires au grand complet, ils parviendront, disent-ils, à faire de l'univers entier une seule nation. Voilà une pensée grandiose, elle a du chemin à faire avant d'être exécutée. Je conçois que dans notre triste situation, nous ne devons pas avoir la parole haute, mais le vainqueur surtout ne devrait pas être hautain avec la nation qu'il a vaincue. Ce n'est ni noble ni même avantageux à la Prusse de faire sentir sa force à l'opprimé.

Depuis le siége de Paris, les républicains de la très-haute école démocratique, sont en bons termes avec son éminence le chancelier de l'Allemagne. Si, comme le dit le haut dignitaire, il a des ennemis acharnés d'un pôle à l'autre, il en est bien dédommagé par les louanges que lui prodiguent nos archives.

Comment pourrait-il en être autrement? Ils sont convaincus, non sans raison, que ce prince cherche à faire disparaître, à annihiler tous les hommes noirs et leur Pape, qui sont la lèpre, l'opprobre, les éteignoirs du genre humain, ainsi que l'a dit l'illustre général et savant Garibaldi. Les emprisonnements d'évêques, de curés, de catholiques; les amendes auxquelles ces ministres sont quotidiennement condamnés; les fermetures des écoles, des couvents, de leurs pieuses associations, font la joie de nos libéraux révolutionnaires; ils lui sont surtout très-reconnaissants de ce qu'il se sert de son influence pour fortement engager, recommander à d'autres nations de suivre son exemple.

Si l'occasion s'en présente, ils n'oublieront pas de lancer contre les protestants les mêmes imprécations, et s'ils le peuvent, ils y ajouteront des persécutions qui dépasseront celles que subissent les catholiques prussiens.

Le gouvernement allemand a-t-il jamais eu à se plaindre de ses citoyens catholiques? n'ont-ils pas toujours été des soldats soumis, fidèles, obéissants, braves, toujours disposés à défendre vaillamment leur patrie, leur roi-empereur, contre ses ennemis? N'ont-ils pas toujours rendu à César, ce qui appartenait à César?

Leur devise est Dieu, la patrie et le roi; elle n'est pas révolutionnaire, la devise; l'idée dominante (Dieu veuille que je me trompe), est qu'il faut écraser le catholicisme, disons assujettir la race latine, la faire disparaître pour que les populations germaines forment la grande nation, qui despotiquement dominera toutes les autres. L'entreprise est plus difficile à exécuter qu'on ne le pense.

La religion catholique a eu bien d'autres assauts à soutenir, elle en est toujours sortie meurtrie, mais victorieuse; les protestants le savent bien, leurs ancêtres ont fait partie jadis du catholicisme. Ces majestueuses églises gothiques qu'on admire encore dans un si grand nombre de contrées n'ont pas été construites pour le culte chrétien dit réformé; les dates des existences de Luther, de Calvin, sont bien éloignées de celle de la primitive église, qui a toujours conservé ses mêmes dogmes, et le dernier des papes, en mourant, les aura conservés intacts. Espérons que le gouvernement allemand ne tardera pas à traiter les catholiques comme précédemment en sujets dévoués.

N'est-il pas très-affligeant de voir et d'entendre des hommes des plus haut placés, ayant des idées religieuses, des hommes à qui Dieu a tout accordé : capacité, fortune, illustration, déclarer hautement, publiquement, qu'une nation peut mieux se passer qu'on le pense généralement d'avoir de bons principes? Monsieur le duc de Broëlle vient de dire qu'on ne l'avait pas compris, il assure qu'il est autant que qui que ce soit, un homme à principes (il ne s'était pas expliqué clairement, c'est certain).

Il me semble que très-positivement, lorsqu'on dit, lorsqu'on pense qu'une personne est sans principes, on n'en fait pas l'éloge, on n'en a pas bonne opinion.

J'en sais, et des plus haut placés, qui trouvent très-naturel de laisser spontanément le gouvernement qu'ils ont servi lorsqu'il n'a pas su se maintenir au pouvoir; ce n'est pas nous, disent-ils, qui le quittons, c'est lui qui nous a quittés. D'autres recommandent à leurs enfants de reconnaître tout pouvoir qui s'établira dans leur patrie, à moins que le chef, ou les chefs de ce pouvoir ne soient cruels comme un ogre, comme un Marat. Malgré la restriction et son apparente bénignité, le conseil ne me paraît pas être des meilleurs; car, plus la position d'un homme est élevée, plus il est riche, plus il est instruit et a reçu une bonne éducation, plus il a de devoirs à remplir : il sera beaucoup demandé à celui qui a beaucoup reçu.

Les propriétaires qui ont de l'aisance, qui ont le bonheur d'avoir des idées chrétiennes, devraient se mêler autant que possible à la vie des ouvriers, s'intéresser à ce qui les concerne, s'attirer leur confiance, leur inculquer de bons sentiments. C'est, au reste, ce dont on commence à s'occuper sérieusement dans les villes et avec succès, mais un peu tard. Les Cercles catholiques, leurs directeurs sont appelés à faire beaucoup de bien ; je me permets de faire à messieurs les curés des campagnes les mêmes recommandations que j'ai adressées aux propriétaires ; ils rendraient de bien grands services à leurs paroissiens, en prenant intérêt à leurs travaux, à leurs cultures, et en mêlant de temps à autre à leurs conversations, quelques excellents conseils qui les engageraient à devenir de bons chrétiens, et par suite de bons citoyens, de parfaits pères de famille.

Continuellement des hommes de désordre endoctrinent les habitants de la campagne ; quels services on rendrait à ces derniers en leur prouvant qu'on s'ingénie à les tromper.

J'entre dans un café de ville, ou même de village, avec un verre d'eau sucrée ou de limonade, on me sert un journal qui du haut en bas m'assure que le gouvernement de nos anciens rois était déplorable.

Il fallait que nos pères fussent bien patients pour l'avoir supporté si longtemps ; c'est au hasard qu'il faut s'en prendre, et nous devons lui savoir gré si notre France est devenue, sous ce rétrograde régime, une nation puissante, glorieuse et prospère.

La république seule peut rendre l'homme libre, heureux, et lui assurer un avenir prolongé, une longue stabilité dont on parle fréquemment, et qu'on n'est jamais parvenu à obtenir ; on se souvient de cette touchante devise, écrite à tous les coins de rue, sur toutes les façades d'innombrables prisons : Liberté, fraternité ou la mort ; je demande un deuxième, un troisième journal, qui, sauf quelques variantes plus ou moins spirituelles, sont la copie du premier ; on m'en apporte enfin un quatrième, dans lequel on entonne poétiquement les louanges, les grandeurs et les victoires des deux empires ; le bien-être dont on jouissait sous ces triomphants gouvernements tiendrait dans une tabatière ; on se garde bien de faire dans ces journaux impérialistes l'énumération des milliers, des millions de vaillants soldats qui ont versé tout leur sang pour leur patrie, et aussi pour donner satisfaction à l'ambition de leurs souverains maîtres. Les brillants combats des deux empires n'ont-ils pas été fatalement suivis de trois défaites, de trois invasions étrangères qui ont été des plus funestes à notre malheureuse France. Quant aux libertés, le grand capitaine, le premier empereur, a été très-despote, pendant tout son règne ; jamais il n'a eu la prétention de passer pour un prince libéral. Sous le second empire, on a proclamé bien haut, continuellement, que l'édifice politique impérial serait couronné par les libertés les plus accentuées ; nous savons encore ce qu'elles ont été, ces libertés ; elles n'ont pas surchargé la base de l'édifice, même lorsqu'on y a placé pour couronner le fameux plébiscite. Les deux débuts politiques, despotiques des deux empereurs, sauf la différence d'heure, ont été les mêmes. C'est à ciel décoré par le soleil, que Napoléon Ier a conquis sa couronne d'empereur, à la pointe des baïonnettes de ses grenadiers ; l'empereur Louis-Napoléon, très-pâle copie de son oncle, a suivi son exemple, mais il l'a nuitamment exécuté.

Je viens de parler longuement, suivant ma mauvaise habitude, des journaux, qui ont dans notre pays une grande influence sur leurs lecteurs. Messieurs les journalistes peuvent faire beaucoup de bien comme ils peuvent faire beaucoup de mal. On ne peut en disconvenir, la liberté de la presse a certainement son bon côté, son utilité ; je ne me permettrais pas d'en être le détracteur ; mais il est à désirer qu'on puisse loyalement la réglementer.

Il est équitable que la personne qu'on attaque, souvent injustement, puisse avoir la réplique ; il serait équitable, il serait désirable, qu'il fût toujours permis de relever, de démentir des faits faussement articulés, mal interprétés, entièrement déguisés.

Ce ne serait pas, je pense, se montrer exigeant que de forcer le gérant du journal à laisser gratuitement à l'accusé, pour sa réplique, la moitié de l'espace que contenait l'attaque, et jamais moins de huit à dix lignes. C'est parce qu'on entend rarement le pour et le contre, que la presse, qu'un assez grand nombre d'articles de journaux contribuent fortement et continuellement à troubler l'ordre, à renverser les gouvernements qui se succèdent si souvent dans notre malheureuse patrie depuis un siècle.

Dernièrement je lisais dans un journal, qui a la réputation d'être fort bien écrit, et aussi celle de varier avec une facilité toute gracieuse ses évolutions politiques (le *Journal des Débats*), que le Pape est un autocrate ultra.

Le chef suprême de notre sainte Eglise est plutôt anti-autocrate, puisqu'il n'a pas de forces matérielles à son service. L'autocrate est le monarque qui réunit au pouvoir matériel l'autorité spirituelle ; ce sont Luther, Calvin et Henri VIII, d'Angleterre (le bourreau de ses femmes), qui ont été les promoteurs de cette réunion des deux pouvoirs qui flattait certains princes, et les a peut-être disposés à changer de religion.

M. Jules Simon, qui est aussi un autoritaire à sa façon, un fervent républicain, épanchait dernièrement dans un de ses journaux, avec sa lugubre éloquence, les douleurs qui torturaient son tendre cœur.

Il trouve que ses frères et amis sont attiédis à l'endroit de la république ; ils n'ont plus, dit-il, cet entrain ardent sans lequel on ne peut rien organiser solidement ; ils ne paraissent plus avoir cette confiance dans la réussite, cette foi avec laquelle on transporte les montagnes.

Il est bien exigeant, M. Simon ; qu'il se rassure, ses amis travaillent fort les élections, ils sont bien disposés à recommencer leurs œuvres révolutionnaires, qui ont toujours eu une si avantageuse réussite pour notre patrie, disent-ils.

Il se plaint vivement de ce qu'on calomnie constamment les candides républicains de 93, et aussi nos communards, nos incendiaires et massacreurs d'otages. Voyez-vous cela, accuser des innocents ! mais c'est horrible : cependant M. Thiers a commis cette énorme faute.

Vous racontez, Monsieur, que vous n'êtes pas un désorganisateur, un destructeur, mais bien le défenseur libéral de l'opprimé, de la société, et même de la religion ; en êtes-vous bien certain, M. Simon ?

Comme vous, les républicains qui se disaient modérés avaient les mains pleines de belles promesses ; ils devaient régénérer la France.

Je ne vous abaisse pas en assurant que leurs capacités égalaient la vôtre ; comme vous, monsieur, ils avaient la tête remplie de bonnes intentions ; pas plus qu'eux, vous n'êtes capable d'arrêter les tempêtes révolutionnaires après avoir contribué à leur formation.

Croyez-moi, la simple morale du Christ est plus propre à adoucir les épreuves de la vie, à rendre une nation aussi heureuse qu'elle peut l'être, que tous les systèmes politiques qui sortent de votre puissant cerveau, et de ceux de vos amis.

Le désir effrené de faire fortune promptement et surtout d'obtenir les places les plus honorifiques et les mieux soldées, n'importe par quels moyens, abaisse les caractères.

Il y a des républicains qui franchement avouent qu'ils aiment la république, parce que sous ce régime on a beaucoup plus d'avancement que sous tout autre gouvernement ; il y a infiniment moins de vrais républicains qu'on ne le pense ; c'est parmi les personnes qui se disent républicains, qu'on trouve le plus de nuances, de dissidents, de divisions ; il y a les républicains paresseux qui aiment le désordre et espèrent qu'ils en profiteront en ne se donnant d'autre peine que de crier bien fort : Vive la République ! A bas les riches !

Le sang à répandre, le pillage ne déplaisent pas à ces amis du peuple.

D'autres, trop délicats, trop timorés pour prendre goût au pillage, désireraient qu'on fît entre citoyens le partage du capital et des propriétés foncières.

D'autres enfin, lorsqu'on est gouverné révolutionnairement, se complaisent à traîner de grands sabres sur le sol, à se couvrir de galons, se pourvoir d'épaulettes à graines d'épinards, et à recevoir la solde attachée au grade dont ils se sont le plus souvent spontanément gratifiés.

Pour satisfaire ces officiers supérieurs, après dix à douze mois de trainage de sabre, il faut leur laisser porter les épaulettes de général, de maréchal de France, dont ils se contenteront probablement. J'ai vu en 1830, et surtout en 1848, des républicains dont l'ambition était beaucoup plus modeste : ils campaient aux Tuileries, qu'ils dévastaient plus ou moins, puis ils prenaient leurs ébats, Dans les caves du palais où ils se gorgeaient de vin ; aux trois quarts ivres, pendant plusieurs semaines, ils s'amusèrent à cuver leur liquide vineux, et à en jeter par les lucarnes aux passants.

Viennent ensuite les républicains véritablement modérés ; comme ils sont assez nombreux, ils s'imaginent qu'ils contiendront les mauvaises passions de leurs violents et fougueux collègues, qu'ils n'osent pas répudier, et dont on sait les hauts faits.

Il y a encore les républicains plus ou moins lettrés, qui visent principalement à s'emparer des hautes places civiles, lors même qu'ils ne sont pas aptes à les remplir. C'est surtout en temps de trouble, d'anarchie, qu'on peut espérer en obtenir ou en escamoter. Il faut saisir avec empressement l'occasion de bien se caser. Depuis quarante ans surtout le Français est devenu démesurément amateur de places ; il y a des familles riches qui s'imaginent que l'Etat doit en accorder à leurs enfants ; elles ne savent pas les rendre indépendants du gouvernement.

J'ai entendu de bonnes mères dire : si l'on diminue l'armée, où placerons-nous nos enfants ?

Le vote universel a fortement stimulé cet amour des emplois, surtout quand ils sont lucratifs ; on aime trop, malheureusement, à commander, et à ne pas être commandé ; et pour obtenir facilement de l'or, un assez grand nombre de personnes sont disposées à faire des platitudes.

Une nation qui fait un tel emploi de son revenu, de ses impositions, est bientôt ruinée.

L'augmentation excessive de ses armées suffit pour appauvrir promptement un pays et arrêter son commerce.

Les Prussiens, qui ont reçu de la France, argent comptant, ou à peu près, cinq milliards, et intérêts, somme la plus colossale que jamais peuple vaincu ait soldé à son vainqueur, s'aperçoivent des énormes dépenses qu'occasionne l'immense agglomération de leurs soldats ; la population allemande prussienne doit d'autant plus en souffrir que son sol est peu productif.

C'est une des raisons qui excite la Prusse à faire nourrir, solder ses troupes par l'étranger ; ce gouvernement tient à utiliser tous ses bataillons, il y est forcé, si son ambition le porte à les conserver ; en occupant sa population la plus virile, il espère aussi annihiler les tentatives que font les internationaux pour révolutionner l'Allemagne.

Contrairement à nos habitudes, le gouvernement anglais diminue autant que possible les frais d'administration intérieure, qui est confiée aux habitants de chaque comté. Chaque propriétaire a, dans sa localité, suivant sa position de fortune, son emploi, sa place, qu'il ne peut refuser et qu'il remplit de son mieux et gratuitement. La place de juge de paix est une des plus honorables, ordinairement c'est un lord qui en est le titulaire. Tous les employés ont intérêt à ce que les comtés soient gérés avec sagesse et intelligence ; jamais on n'entend parler de déprédations, qui seraient rigoureusement punies par la magistrature soldée.

Les ministres sont fort heureux de n'avoir pas à s'occuper de ces nombreuses administrations de comtés, qui n'ont à solder que quelques comptables.

Les élections en Angleterre laissent aussi beaucoup à désirer, mais elles ne sont pas si matérialisées que les nôtres. Les places que les candidats cherchent à obtenir dans ce pays, par l'élection, sont plutôt honorables que lucratives; les membres de la commune, les lords, ne reçoivent aucune solde.

En France, au contraire, l'entrain avec lequel un grand nombre de citoyens courent après les places rétribuées est poussé jusqu'à la furie, surtout sous la république.

Il n'y a, en Europe, que notre gouvernement qui donne des appointements à ses membres de la Chambre. Sous la Restauration, les Bourbons n'ont jamais soldé les pairs de France ni les députés.

Le rôle de solliciteur n'a rien d'attrayant, surtout quand c'est dans son intérêt qu'on entreprend de le jouer. On raconte qu'un gentlemen, désirant obtenir des votes d'élection, allait de boutique en boutique quêter les bulletins de ses électeurs. Il s'asseyait, causait avec eux fort gracieusement et cherchait à leur plaire. Un cordonnier le pria de chanter; la chanson finie, il lui dit : je suis convaincu que vous ne tarderiez pas à manier, comme moi, le poinçon et le cuir; vos mains, il me semble, doivent avoir de la dextérité, essayez donc du tire-poing; le pétitionnaire complaisant fit l'essai demandé. Comme récompense, le cordonnier jovial lui dit : Ma foi, mon gentilhomme, vous êtes par trop plat, je ne voterai pas pour vous.

Je me demandais si les courtiers électoraux et aussi ceux qui les envoient sont bien certains qu'ils n'ont pas d'autre but, en faisant les incessantes démarches de ce courtage électoral, que celui d'être utiles à leur pays? Si, au contraire, ils n'agissent le plus souvent que dans leur intérêt personnel, s'ils inculquent de mauvais conseils à leurs auditeurs, s'ils emploient de mauvais moyens pour les tromper, s'ils excitent leurs mauvaises passions, s'ils cherchent à leur enlever toutes idées religieuses, ils sont bien coupables ; j'espère alors qu'ils ne se rendent pas compte de tout le mal qu'ils font à leur pays.

Je lisais dernièrement dans un journal rédigé avec esprit et quelquefois avec impartialité, que le seul gouvernement qui puisse être stable, qui puisse mettre fin à toutes nos révolutions, c'est celui de la république. Jusqu'à ce jour, c'est toujours le contraire qui est arrivé. Je conçois cependant que des républicains militants qui sont munis de bonnes places, en deviennent les conservateurs, ainsi que des gouvernements qui leur ont accordé ces faveurs.

La république, comme la dépeignent certains républicains modérés, est certainement très séduisante : elle le serait même avec quelques radicaux qui sont à tort sincèrement convaincus qu'ils arrêteront les excès impitoyables de ce dur régime ; comme un torrent rapide, elle enlèvera toujours tout ce qui lui fait obstacle.

La république est une marâtre qui dévore ses amis, même ceux qui lui sont le plus dévoués ; elle ne règnera jamais longtemps en France. Je répète la phrase de monsieur Naquet : « La république est le plébiscite, le provisoire continuel. » Je suis persuadé qu'à la seconde nomination du président de ce gouvernement, il arriverait une perturbation qui ferait crouler la présidence. M. Louis Blanc, il est vrai, a rompu la difficulté ; il tient à ce que cette présidence soit abolie.

Les journaux républicains sont généralement écrits avec verve, mais la cause qu'ils défendent est assez mauvaise pour qu'il soit facile de donnner la réplique à leurs écrivains.

Est-ce sérieusement que ces messieurs parlent si souvent des libertés dont on jouit sous leur cher gouvernement ?

Ils paraissent très-épris de ces libertés, mais toujours ils s'empressent de les emprisonner.

Les radicaux tiennent beaucoup et avec raison à ce qu'on n'abaisse pas la dignité de l'homme (même chrétien, probablement); il faut avouer que toutes les innombrables victimes qu'on sortait de leurs cachots pour les conduire à l'échafaud ou dans les localités où elles étaient mitraillées (les otages compris), sont mortes avec une grande dignité, un grand courage. En 93, comme sous le régime récent des communards, le plus souvent on les conduisait à la mort en les accablant des plaisanteries les plus grossières. Quelle civilisation ! quel respect des hommes !

S'il y a beaucoup de Français qui adorent le soleil levant, le pouvoir, quel qu'il soit, il y en a aussi qui se respectent assez pour ne pas suivre cet exemple.

LISTE *des priviléges, des inégalités de positions qu'il serait difficile, même au plus habile républicain, de faire disparaître.*

Un homme a toujours été très-souffrant;

Un autre a été constamment bien portant ;

Un homme est excessivement spirituel ;

Un autre ne l'est pas ;

Un homme est riche ;

Un autre ne l'est pas ;

Un autre a le bonheur d'avoir des parents qui lui ont fait donner de l'instruction ;

Un autre n'a pu apprendre qu'à lire et à écrire ;

Un autre, a pu devenir un savant et a reçu une excellente éducation ;

D'autres sont devenus des peintres, des artistes renommés, des architectes distingués, des commerçants intelligents ; ils ont acquis gloire et fortune très-loyalement ;

D'autres ont entièrement perdu leur fortune ou l'ont mal gagnée ;

D'autres calomnient facilement leur prochain, en sont jaloux, sont vindicatifs, démesurément ambitieux.

D'autres, les chrétiens, à l'exemple du roi martyr, pardonnent à leurs ennemis les plus acharnés, prient Dieu pour eux, et sont disposés à leur être utiles.

Je pense qu'il y a peu de républicains qui ne ressentent une certaine émotion au cœur lorsqu'ils lisent le testament du bon Louis XVI, dit tyran.

Il y a des personnes qui font un très-bon usage de leur fortune ; d'autres, au contraire, en font un très-mauvais emploi.

Un homme est boîteux, aveugle ; un autre est bien constitué, a la taille élancée et a les yeux beaux et bons, etc... Dieu sait, Dieu saura largement récompenser dans un monde meilleur ceux qui auront beaucoup souffert sur cette terre, où nous avons si peu de temps à passer.

Dernièrement un journal, le *Français*, faisait les réflexions suivantes sur le septennat, qui, je l'espère, nous conduira le plus tôt possible à la monarchie héréditaire.

Je copie :

« Si, dans une certaine mesure, le septennat est un gou-
« vernement instable, il participe du régime républicain
« et de celui de l'appel au peuple ; il n'y a que les insti-
« titutions d'une monarchie traditionnelle qui soient
« exemptes de précarité, d'instabilité congéniale, préci-
« sément parce qu'elles reposent sur un fondement
« autre que l'expression *toujours variable* de la vo-
« lonté *nationale*. Les belles démonstrations répétées par
« les journaux républicains et les journaux bonapartistes
« ne tendent donc qu'à établir la *supériorité*, au point de
« vue conservateur, des institutions monarchiques sur les
« institutions républicaines, aussi bien que sur le sep-
« tennat. »

Ce raisonnement est excessivement juste, il est un de ceux qui peuvent le mieux prouver que le gouvernement traditionnel héréditaire est le meilleur de tous ceux dont on a fait l'essai depuis l'avènement du Christ sur notre terre. Comme nous sommes loin de la situation que nous avions en Europe avec Louis XVIII, en 1815, ce ne sera pas une seconde chambre qui nous la fera recouvrer.

En 1700, l'ambassadeur d'Espagne se jeta aux pieds de Louis XIV pour le supplier de vouloir bien poser la couronne d'Espagne sur la tête de son petit-fils.

Aujourd'hui l'ambassadeur espagnol nous reproche de ne pas bien garder nos frontières, comme la France en a pris l'engagement.

EXTRAITS *tirés d'un long article sur la royauté héréditaire, écrit dans un grand journal par un de ses abonnés.....*

« La responsabilité ministérielle, devant les chambres, « produit la république; d'un autre côté, la seule responsabilité du roi produira le despotime des deux empereurs « Napoléon. Ces deux extrémités fatales sont à éviter. Les « ministres devront être choisis par le roi et ne lui seront « jamais imposés par les Chambres; comme aux Etats-Unis, les ministres resteront dans les bureaux; des orateurs soutiendront devant les députés le bubget et toutes « les lois proposées ; ces orateurs n'auront à répondre « de rien, ils ne sont que des commis du président qui, « lui, est responsable de tout; il peut être destitué devant « et par le Sénat.

« Devant un roi héréditaire, les Chambres ne peuvent « avoir ce droit, il doit être couvert par la responsabilité « de ses ministres ; par contre, les Chambres doivent avoir « celui de blâmer, bien plus, d'accuser les ministres; elles « ne peuvent être juges et parties ; un tribunal extraordinaire, composé de magistrats inamovibles, du premier « président de la Cour de cassation avec les présidents des « Cours d'appel, pour conseils; il jugerait le ou les ministres d'après les lois supérieures du royaume, de la justice, de la sûreté, de la dignité de l'Etat; l'une des deux

« Chambres pourra toujours dénoncer au roi ces faits d'ac-
« cusation; s'ils sont fondés, les ministres seront renvoyés
« devant le tribunal ordinaire convoqué par la Chambre,
« et le jugement rendu sera irrévocable; nulle autorité ne
« pourra intervenir, pas même celle du roi. »

NOTES *tirées du* Journal de Loir-et-Cher, *qui est écrit avec verve et parfaitement rédigé.*

RÉPUBLIQUE UNE ET INDIVISIBLE.

« Tout propriétaire doit déclarer les noms, les profes-
« sions et l'âge de ses locataires (libertés du foyer). »

Alors les agents de ce régime révolutionnaire lisaient toutes les lettres adressées à la poste, et le portier devait déclarer quels étaient les journaux auxquels étaient abonnés les habitants de la maison (1792); des cartes civiques et des diplômes étaient nécessaires pour circuler à Paris. Un citoyen qui n'avait pas de cocarde tricolore était condamné à huit jours de prison; pour les femmes sans cocarde et avec récidive, emprisonnement jusqu'à la paix (21 septembre 1792).

Un citoyen qui se trouvait dans une voiture après minuit était forcé d'en descendre; la patrouille le reconduisait à son domicile (1792). Un citoyen ayant des gants jaunes était passible de proscription (1792).

Droits de la police, qui lui permettaient de supprimer imprimeurs et journaux (4 décembre 1796). 46 propriétaires de journaux, journalistes, imprimeurs proscrits (*Idem* 1799). 68 propriétaires-directeurs et imprimeurs, journalistes déportés à l'Ile d'Oléron (1799). Toute pensée contre-révolutionnaire exprimée dans un journal, l'exil.

Tout homme qui aurait écrit qu'il fallait un maître pour gouverner, arrêté et guillotiné (1792); tous les citoyens sont invités à dénoncer les propos inciviques qu'ils entendront pour que les auteurs soient punis de la déportation (16 novembre 1792), etc.....

On pourrait remplir un in-folio avec ce charmant genre de prose anti-ultra-libéral.

Le bon roi Henri IV, qui était excellent administrateur, brave et habile général, avait aussi eu l'idée de créer un tribunal européen qui mît fin à toutes ces fréquentes guerres de peuples à peuples, toujours si désastreuses, même pour le vainqueur.

Chaque royaume, empire ou république, devait envoyer dans une localité désignée des délégués; ces délégués devaient être les juges suprêmes de tous les différents qui pouvaient s'élever entre souverains et chefs de gouvernements.

Le jugement rendu était sans appel, tous les gouvernements devaient l'accepter et le faire respecter.

Le nombre des délégués était proportionné à la population de chaque état.

Maxime du meilleur patriote français du XIXe siècle, bienfaiteur de l'humanité, selon quelques forts penseurs :

De Voltaire a écrit au roi de Prusse, 17 avril 1765 :

Les derrières des soldats du roi très-chrétien à qui on taille des croupières.

(Idem). Le peuple français est sot et volage, vaillant au pillage, lâche dans les combats.

(Idem). Le peuple ressemble à des bœufs à qui il faut un aiguillon, un joug et du foin (30 mars 1766). Il me paraît nécessaire qu'il y ait des gueux, ignorants ; ce n'est pas le manœuvre qu'il faut instruire, c'est le bon bourgeois ; quand la populace se mêle de raisonner, tout est perdu (1er avril 1866).

De Voltaire est l'ami, l'idole des hommes irréligieux, et d'un grand nombre de républicains ; la morale de l'évangile est tout autre : vous aurez, a dit Dieu et l'Eglise, toujours des malheureux au milieu de vous; respectez-les, secourez-les, ce sont vos frères. Voltaire a une statue, et l'on a le désir ardent de détruire le culte catholique, et par suite le christianisme ; on n'y parviendra pas.

On est parvenu à découvrir dernièrement au comice agricole de Secret un ouvrage écrit par Young, né en 1791, dans le comté de Suffolk ; ce personnage, humoriste et sévère, avait beaucoup voyagé pour apprendre à devenir un bon cultivateur. Arrivé en France pendant les années agitées, troublées de 1787, 1788, 1789 et 1790, il s'arrête à Château-Thierry, patrie du bon Lafontaine, dont les fables ne sont pas à dédaigner, quoi qu'il les ait écrites sous le règne de Louis XIV.

Il demande où il y a un café, on lui répond qu'il n'y en avait pas un seul, et pas une seule feuille publique, dans un moment où tout doit être dans l'anxiété, la république devant apparaître ; ennuyé de ne pas trouver ce qu'il demande dans une ville de quelques milliers d'habitants, il s'écrie avec une chagrine âpreté que les Français ne méritent pas d'être libres. L'arrêt prononcé par l'illustre voyageur convenait, à ce qu'il paraît, à quelques-uns des auditeurs qui assistaient à la fête agricole de Secret ; il paraissait prouver que sous la royauté, notre nation était des plus arriérées, et on en reste là ; ce n'est pas maintenant faute de cafés ni de journaux que notre pays ne mérite pas d'être libre.

Mais, voilà que d'autres personnes qui avaient parcouru tout l'ouvrage, assurent que le célèbre agronome fait constamment le plus grand éloge de nos routes, de nos travaux, de nos magnifiques monuments. Près de Limoges, la chaise de poste n'ayant pas marché vite, il écrit : les grandes routes sont véritablement nobles, supérieures à celles que j'avais déjà vues en France et d'autres pays : près de Rivesalte, les grandes routes sont des travaux inouïs, dit-il. Bordeaux, malgré tout ce que j'avais entendu raconter de son commerce, de sa richesse, de sa magnificence, surpasse de beaucoup mon attente ; en Languedoc, il trouve que tout le monde est occupé, que les paysans paraissent contents de leurs travaux : le fermier de son gros tas de blé. Le bon marché de la vie, dans le Midi, l'émerveille ; à Montauban, on vit à si bon marché, qu'on cite une famille qui avait à peu près 36,000 fr. de revenu, et qui vivait aussi splendidement qu'on aurait pu le faire, en Angleterre, avec cent vingt mille livres.

Près de Rodez, on me dit (c'est toujours l'agriculteur qui parle) que je pourrais avoir un appartement de plein pied, garni, pour 12 louis par an, et vivre dans la splendeur la plus grande, ma famille et moi, pour 100 louis par année. On vivait largement à beau compte, à tous les bains des Pyrénées.

A Luchon, le traiteur servait, à raison de quatre livres par tête, deux repas à deux services, et un souper avec dessert, le tout bien servi, et les articles de saison.

Voilà qui permet de penser et croire que le passé de la France était tout autre, avait été tout autre, que celui décrit par les prétendus érudits républicains, progressifs avec tant de partialité.

De toute manière, sous nos anciens rois, nous avons toujours, sauf de très-rares exceptions, été à la tête de la civilisation européenne. La monarchie revenue sous la Restauration, nous avions les Delessert, les Lamet, les Royer-Collard, les Ravet, les Berryer, les de la Bourdonnais, les Leroy, de Villette, les Chateaubriand, les Lamartine, les Frayssinous, les Lamennais, les Lacordaire, etc..., tous les arts, les lettres renaissaient, se ravivaient avec la prospérité dont la France jouissait sous ce doux et brillant régime.

Cet excellent gouvernement des Bourbons a toujours été harcelé, poursuivi par l'hostilité (comme je l'ai prouvé) que lui faisaient les républicains et les bonapartistes, qui s'entendaient pour le détruire; il nous avait cependant tirés d'un abaissement presque aussi fatal que celui qui afflige si profondément tous les bons Français.

Je reviens au voyageur Young : dans ses notes, il loue les vertus de Louis XVI et de Marie-Antoinette : c'est avec un profond respect qu'il unissait le culte de la liberté à celui de la royauté,

A Colmar, à un dîner de table d'hôte, il ne peut entendre attaquer la reine de France sans la défendre. Voyant les figures froides de ses auditeurs, il leur dit : « Il en est ainsi des révolutions : un scélérat écrit, et cent mille fous croient.

Cet extrait est tiré d'un long article écrit dans un journal généralement estimé par tous les journalistes.

M. Léon Gambetta, qui a quelquefois l'esprit juste, quand il le veut bien, trouve que la situation extérieure de la France est précaire, fragile, périlleuse ; celle de l'intérieur n'est pas non plus très-rassurante, et ce ne sera pas le gouvernement républicain qui rendra meilleure la position de notre malheureuse patrie : les prussiens le savent. Est-il, oui ou non, excessivement désirable que notre malheureux pays soit mis en situation de pouvoir obtenir de sincères alliances ?

Si oui, n'est-ce pas évidemment le gouvernement de la royauté héréditaire qui peut le plus sûrement, le plus promptement, nous amener à un tel résultat ?

Quoique très-vieux, j'ai encore conservé une assez bonne opinion de l'humanité, pour espérer, croire, qu'il y a beaucoup de républicains, de bonapartistes, qui feraient le sacrifice de leurs préférences, pour tel ou tel pouvoir, s'ils savaient, s'ils étaient persuadés que leur dévouement à la patrie la sauverait ; ils peuvent être parfaitement certains que le gouvernement monarchique ne ferait aucune différence entre les nouveaux royalistes et les anciens.

M. Gambetta voit le péril que nous avons à éviter, il trouve que l'histoire ne voudra pas croire qu'après les affligeants malheurs qui ont assailli la France, les terribles leçons qu'elle a reçues de la fortune, elle aurait pu passer quatre ans, grâce à l'impiété des partis, sans diplomatie véritable, sans institutions. Qui oserait dire cependant, dans l'état d'armement où sont les divers peuples de l'Europe, au milieu des haines et des convoitises surexcitées de toutes parts, qui oserait dire que le temps nous sera donné pour réparer les énormes fautes du passé? Le jour où la démocratie comprendra ce qu'elle peut attendre du fils de ses rois, du défenseur des intérêts publics et de toutes les libertés légitimes, la France sera heureuse et respectée au dehors, et les maires comme celui de Cormeilles-en-Vexin, ne seront plus écoutés lorsqu'ils parleront des libertés et de la prospérité données par les deux empereurs à la France.

La France n'est plus assez riche pour faire un quatrième essai de république ; ses trois essais d'établissements républicains ont été assez malheureux pour qu'on ne soit pas tenté de les recommencer.

Les républicains proclament qu'il faut diminuer les trop forts appointements des hauts employés et retrancher les places inutiles, dont le nombre, depuis quarante années, a été augmenté avec un rapide entrain.

De tous les gouvernements, la république est celui qui a le plus de pétitionnaires, d'amis, d'électeurs à caser, à récompenser, à enrichir.

L'empire, c'est le despotisme, plus supportable mais presque aussi funeste que celui de la république ; les deux empereurs, on ne peut le nier, ne nous ont que trop prouvé qu'ils aimaient à mésuser du courage de leurs sujets.

On a dit qu'ils pensaient qu'on devait occuper l'esprit actif, bruyant des Français, avec des combats, des faits et des récits militaires ; c'est une coûteuse occupation dont la France se passerait parfaitement, je crois. Les consuls romains, les césars, amusaient aussi le peuple avec de sanglantes luttes, de cruelles fêtes ; cette population était plus barbare que civilisée.

L'empereur Louis-Napoléon savait très-gracieusement, très largement récompenser ses amis, les personnes qui le servaient bien, on ne peut en disconvenir ; beaucoup ont conservé le souvenir de sa grande générosité : l'empereur donnait, les contribuables payaient, et les dettes de l'Etat grossissaient annuellement outre mesure, conmme je l'ai déjà dit.

Encore une fois l'impérialisme, c'est la guerre à outrance, c'est le despotisme poussé à sa dernière expression, c'est l'instabilité, c'est le plébiscite, c'est la ruine de la France.

La république, c'est l'anarchie la plus complète poussée jusqu'à la furie la plus barbare, — Il me reste à donner un petit et dernier échantillon de la fougue atroce républicaine.

La révolution de 1793 fut saluée avec enthousiasme par ceux même qu'elle allait tuer : les Chénier, les Trudaine, les Depauge, appartenaient à d'excellentes familles patriciennes, ils poussèrent des cris de joie à l'aurore de l'ère nouvelle, ils firent cause commune avec les Girondins et les Hebertistes, ils se plaçaient sous l'égide du souverain pour accomplir leur révolution. Depauge conseillait aux troupes d'examiner si elles devaient obéir aux injonctions de leurs chefs ; après les insurrections de plusieurs régiments, il changea d'avis.

Pendant la tourmente qu'il n'avait pas prévue, il se montra autoritaire déterminé, il avait, dit-il, remarqué dans les hommes réunis, *cet abandon que chacun fait de sa propre raison.* On voit, s'écriait le chevalier Depauge, depuis quelque temps en France, une secte d'hommes cruels que rien ne fléchit, d'hommes soupçonneux que rien ne rassure. Si vous avez eu quelques questions abstraites, des rapports d'opinions, ils en concluent que vous devez toujours les suivre dans toutes leurs rêveries insensées, dans toutes leurs proscriptions, dans toutes leurs vengeances, ils vous somment hautement. Si vous reculez, ils vous accusent de vous être contredit, quoique toutes vos opinions soient liées, invariables, puisque vous ne voulez pas être l'apologiste de leurs fureurs, puisque vous refusez de *boire du sang avec eux*, vous n'êtes pas ferme sur les principes.

Quelle admirable prose, elle est simple et éloquente ; l'écrivain connaissait assez bien les terroristes pour es avoir fréquentés et appréciés à leur juste valeur; que pouvait-il avoir de commun avec un Viot, un d'Arthé, un Payau, avec un Pilot, qui se guérissait par la vue du sang quand il était malade, avec un Achard qui traçait les lignes suivantes, à la date du 17 frimaire an XI :

« Frère et ami, encore des têtes, et chaque jour des têtes tombent; quelles délices tu aurais goûtées avant-hier, si tu eusses vu cette justice nationale de deux cent-neuf scélérats! quelle majesté! quel ton imposant! tout édifiait. » Eh bien, croirait-on que tant d'horreurs dont il avait été le témoin ne corrigèrent qu'à demi François Depauge de ses billevesées humanitaires? croirait-on qu'après avoir, pour son modérantisme, côtoyé la tombe, il restât un modéré?

Qu'est-ce qu'un modéré, sinon un être pusillanime incertain, faible ami et ennemi de tout le monde, n'en faisant pas assez pour les démagogues, en faisant beaucoup trop pour les royalistes. Depauge, malgré les rudes leçons de l'expérience, était resté centre-gauche obstiné.

Depauge pourtant, avait été à même de voir combien peu résistent les partis dits constitutionnels, quand ces partis de violence sont déchaînés; il avait été membre de la réunion des Feuillants où s'étaient rencontrés des personnages tels que : Boissy d'Anglas, Barnave, Lacepède, Beugnot, Destut, de Fracy, Ginguené, Michaud; avec de pareilles ressources, on aurait dû sauver la société, si la société avait jamais été sauvée par des hommes d'esprit luttant contre des brigands.

Les Feuillants furent chassés de l'Assemblée; ils se réfugièrent à l'hôtel de Richelieu, sous la protection d'un bataillon des filles de Saint-Thomas, puis enfin au cloître Saint-Honoré, où ils ne se retrouvèrent que quarante, de huit cent trente-trois qu'ils étaient à l'origine.

Très-fatalement, le patriotisme est en grande baisse dans notre pays, je pourrais en donner les preuves les plus accablantes. On pense à soi et souvent fort peu à sa patrie qui, lorsqu'elle est dans une heureuse situation, contribue cependant à faire le bonheur de tout un peuple. Ce désir effréné de satisfaire son ambition, d'obtenir des places, de hauts emplois, domine souvent, de plus en plus, tous les autres sentiments. L'amour du toi et du moi est anti-patriotique.

J'ai raconté quelques-uns des monstrueux, atroces méfaits commis par les terroristes de 1793, et récemment par les communards, incendiaires, massacreurs d'otages.

Je vais faire la clôture définitive de mes trop nombreuses réflexions politiques, en copiant une partie de la lettre écrite dernièrement par un de nos bons parents. Les pensées de cette épître sont aussi douces, aussi consolantes que celles de nos plus fameux démagogues, qui sont le plus souvent repoussantes et sanguinaires.

Je copie :

« Il me paraît que les remèdes que vous proposez pour sauver la France, quelque excellents qu'ils puissent être par eux-mêmes, ne peuvent être considérés que comme de simples palliatifs et des adoucissements temporaires ; je pense que pour combattre le mal qui nous dévore, il faut l'attaquer dans sa source même et dans sa cause efficiente. Or, le caractère distinctif et essentiel de la révolution, celui que tous les évènements qu'elle a produits et que ceux actuels mettent pleinement en lumière, c'est l'anti-christianisme : la révolution, l'anti-christianisme, sont apparus comme deux termes synonymes.

« Si l'on veut combattre la révolution, il faut procurer la Restauration du christianisme, non par celui des mille sectes contradictoires produites par le protestantisme et qui se détruisent l'une l'autre, mais par celui qui ne se trouve complètement que dans l'unité des doctrines de la divine Église.

« Si, parmi tous les rois, empereurs, princes ou chefs quelconques qui se trouvent dans le monde, il en est un qui se proclame hautement chrétien et catholique, c'est ce prince qui doit être et qui sera l'instrument de cette Restauration, c'est lui qu'il faut préconiser, appeler et accueillir comme le remède souverain, comme le sauveur nécessaire. Tous les révolutionnaires, petits ou grands, à quelque nuance qu'ils appartiennent, le savent bien, le redoutent ; aussi cette Restauration-là ne sera pas facile. Comment se fera-t-elle, je n'en sais rien, mais ce qui est dans ma foi indubitable et dans ma confiance absolue, c'est qu'elle se fera ! Pourquoi, parce qu'elle est nécessaire, je dis nécessaire au salut de la France et de l'Eglise. Je ne pense pas que rien puisse m'ôter de l'idée que la Providence veut ce double salut.

« Qu'elle vienne donc, cette bienheureuse Restauration, et prochainement ; alors le christianisme s'infusera facilement dans nos cœurs, dans nos esprits, dans toutes nos institutions sociales et politiques, dans les lois électorales et autres, pour nous conduire dans le vrai et droit chemin, sans que nous ayons besoin de ces inutiles et interminables discussions dont l'effet inévitable est de troubler ou fatiguer les meilleurs esprits qui finissent par se dégoûter.

On conservera longtemps le souvenir du bilan financier impérial de Louis-Napoléon ; vingt-deux milliards, déductions faites des dettes contractées avant son règne ; c'est une très-remarquable dette.

Cependant, un grand nombre de municipaux parisiens des plus appréciés par les vrais démocrates, ont eu le courage d'exprimer au gouvernement actuel le désir qu'ils avaient que tous les conseillers reçussent une solde annuelle. En attendant mieux, ces traitements devraient être de 500 francs pour chaque conseiller municipal des communes ; 1,000 fr. pour ceux d'arrondissements ; 1,500 fr. pour les conseillers généraux du chef-lieu du département.

Evidemment, cependant, le travail de plume des conseillers municipaux n'est pas des plus accablants, beaucoup de ces messieurs ne sauraient pas l'entreprendre.

Ordinairement, c'est l'instituteur de la commune qui écrit et tient les registres de la mairie ; les conseillers n'ayant à s'y réunir le dimanche que quatre ou cinq fois par an, les pas et démarches de ces administrateurs ne leur occasionnent aucune perte de temps ; le maire et l'instituteur font seuls toute la besogne communale.

Ces soldes accordées aux conseillers des communes, des

cités, augmenteraient d'un milliard l'énorme budget de notre pauvre France. Les républicains, les sincères amis du peuple, il est vrai, tiennent positivement à ce que tous les employés reçoivent des traitements proportionnés aux grades plus ou moins élevés dont ils sont les titulaires ; c'est un droit inhérent à la démocratie.

Ce serait payer un peu cher la satisfaction qu'on procurerait à messieurs les démocrates, en accédant à leurs généreuses demandes, pour le moins indiscrètes, surtout dans la triste situation où se trouve notre malheureuse nation. On peut être certain que la France ne manquera jamais de conseillers, ces places sont presque aussi enviées que celle d'un premier ministre. Assez fréquemment, l'habitant des champs, surtout celui qui a de l'aisance, ne se croit pas l'égal de ses administrés et les traite volontiers de petit peuple, de populace, lorsqu'il en parle ; quand l'époque du renouvellement de ces emplois tant désirés est arrivée, tous les villages sont en émoi. L'ardeur que mettent certains émissaires, racoleurs de bulletins, lorsqu'ils font circuler au besoin, nuitamment, les mensonges, les calomnies les plus perfides contre les candidats qui n'ont pas l'honneur d'être leurs protégés, dépasse l'animation avec laquelle les habiles joueurs à la paume lancent la balle dans l'enceinte de leur jeu. Toutes ces roueries, ces pressions électorales, donnent l'explication de cette répulsion qu'un grand nombre d'électeurs éprouvent précisément pour les personnes qui peuvent leur rendre (et les rendent) d'importants services.

J'en sais, de ces personnes, elles sont trop modestes pour que je me permette de citer leurs noms, qui ne cessent de venir au secours des malheureux ; elles font construire de vastes écoles, des fontaines et autres bâtiments, à leur compte, dans les communes qu'elles habitent ; on ne leur en sait aucun gré. Beaucoup d'habitants de ces localités disent entre eux : ces riches, ça ne sait que faire de leur argent, ce qu'ils donnent, ce qu'ils font, c'est parce que cela les amuse, ça leur convient ; par contre, j'ai vu un électeur des plus imposés, ne pas vouloir voter 200 francs pour tous les pauvres d'une commune très-peuplée : la part à solder de ce propriétaire ne dépassait pas 25 centimes.

L'homme qui passe pour avoir de la fortune, quelque bienveillant qu'il soit, est souvent considéré comme étant un ennemi. Je suis convaincu qu'en donnant tout ce qu'il possède, il ne parviendrait pas à satisfaire les habitants de sa paroisse; plusieurs ouvriers étaient de mon avis.

Si cet homme a des sentiments religieux, c'est encore pis, alors on le déteste cordialement ; cela doit être, le catholicisme étant essentiellement « anti-civilisateur » comme l'a déclaré si éloquemment le fameux général Garibaldi, et son grand ami le colonel Bordone, l'ancien pharmacien, qui écrivait que son général était un drapeau, mais que l'homme était moralement et matériellement entièrement usé.

On sait la brillante campagne, que ces deux personnages ont faite aux environs de Dijon ; j'ai cependant vu à Nice, dans la salle à manger d'un des frères de Garibaldi un un portrait du Pape et de deux évêques.

M. Garibaldi serait maintenant fort satisfait des idées religieuses et opinions pratiques d'une partie des ouvriers et propriétaires cultivateurs campagnards.

Le moi est souvent par trop infiltré en eux, ils le répètent sans cesse, ce moi qui absorbe leurs autres sentiments.

Si par hasard il se trouve qu'une habitante de la campagne reconnaisse que M. *... est très serviable, une autre personne, ayant souvent même de l'aisance, fera la remarque que, quant à ce qui la regarde, elle peut affirmer qu'elle n'a jamais rien reçu, rien obtenu de cedit monsieur.

Dieu pardonne à l'homme qui se repent, quelque coupable qu'il puisse être ; le campagnard ne suit pas toujours cet exemple ; même avec celui qui a toujours cherché à l'obliger et ne lui aura occasionné involontairement qu'un très léger désagrément.

Un propriétaire cultivateur faisait la remarque à un de ses camarades, que M. *... avait véritablement une terre qui était par trop grande ; son ami lui répondit : la terre vaut bien 35,000 fr. ; oh ! oui, je ne la donnerais pas pour

50,000 fr. Eh bien, serais-tu content qu'on t'en prît une partie? Oh ! mais non ! les électeurs de la campagne mettent ordinairement une certaine fierté à ne pas être dirigés par des personnes très affables qui peuvent leur donner de bons conseils désintéressés, ils se laissent cependant entièrement guider à droite, plutôt à gauche, à tort et à travers par tous ces racoleurs dont j'ai probablement trop parlé, quoiqu'ils jouent un rôle qui a généralement de très fâcheux résultats pour notre cher pays.

Ces enrôleurs, meneurs, enjôleurs, transmettent les ordres qu'ils ont reçus de leurs supérieurs, aux trop bénévoles et crédules auditeurs, qui finissent par emboîter le pas et font toutes les marches et contre-marches qu'on exige qu'ils entreprennent.

On leur apprend que c'est une niaise naïveté de tenir ses promesses. Ils ne sont pas toujours francs, les habitants des champs ; quelquefois ils vous font bon accueil, paraissent vous voir avec plaisir.

Fou qui s'y fie, à cette amitié, qui est fragile et vacillante, comme le mercure du baromètre !

Franchement, je préfère un homme qui m'avertit qu'il est mon ennemi, à celui qui paraît me traiter en ami et se conduit avec moi en ennemi.

M. le prince de Bismarck, lui, a ses heures de franchise, il nous avertit tout crûment qu'il est notre plus grand ennemi, nous le savions ; pour nous prouver qu'il ne trouve pas encore notre malheureuse nation assez rabaissée, assez ruinée, très positivement, il veut républicaniser les Français.

Le prince prussien, que certains journalistes disent être le plus pacifique des chanceliers, ne craint pas les socialistes, les internationaux, quoiqu'il y en ait un très-grand nombre en Allemagne.

Il est persuadé que les démocrates dévastateurs accumuleront en France malheur sur malheur, ils forceront ainsi les autres nations, si elles ne veulent pas subir le même sort, à s'entendre, s'unir, pour anéantir ces furieux maniaques.

Ce ne sont pas les renseignements, les avertissements qui nous auront manqué. C'est bien entendu, M. de Bismarck, et par suite son gouvernement, verraient avec regret le rétablissement de la monarchie héréditaire en France : parce que notre pays retrouverait ainsi sa force intrinsèque et ses anciens alliés, moins la Prusse et l'Italie peut-être momentanément. Avec ses alliances, elle pourrait encore recouvrer son ancienne splendeur et sa prospérité ; et les Français hésitent, disent les Anglais, sur la conduite à tenir !

C'est à n'y pas croire.

S'il s'agissait de l'Angleterre, ce n'est pas demain, c'est aujourd'hui, que Mgr le comte de Chambord monterait sur le trône de ses pères, et toute la nation se presserait autour de lui.

Voilà du patriotisme, de la bonne politique. Qui empêche de la suivre, cette excellente, et quoi qu'on en dise, facile politique? Une seule moitié de phrase, qui exprime la plus grande des faussetés : accepter le règne, dit-on, du comte de Chambord, c'est retourner en arrière d'au moins cent ans ; ces quelques mots, jetés à tous vents, à tout venant, continuellement, suffisent pour arrêter la régénération de notre malheureux pays. Encore une fois, qui peut disconvenir que ce sont nos anciens rois qui ont fait la France et nous si puissants, si glorieux, si prospères, ont appris à être libres; liberté dont nous avons si malheureusement mésusé ; quel est le gouvernement qui depuis la mort de Louis XVI a été aussi sincèrement libéral que celui de la restauration.

Après la République, c'est l'empire napoléonien qui conviendrait le mieux à M. le prince de Bismark ; il l'a franchement déclaré ; je n'en fais pas compliment à M. Rouher, ni à son jeune élève. Il faut en convenir, le premier ministre de ce dernier empereur sait parfaitement éluder les lois ; avec l'aide des tronçons, toutes les réunions politiques, quelque nombreuses qu'elles soient, deviennent légales. M. Girerd a parfaitement expliqué la manière dont fonctionnent ces sociétés. Ce député en a cité deux qui, établies à Paris, sont indépendantes l'une de l'autre, ne se connaissent pas et ne doivent pas se connaître ; l'une de ces réunions est composée de dix-sept sociétaires, l'autre de treize ; évidemment dix-sept et treize ne font pas vingt, donc, ces Messieurs ont le droit de se rassembler aussi souvent qu'ils le jugeront convenable ; cette invention paraît très simple, elle a cependant son mérite. Avec cette méthode on peut, il me semble, pourvoir tous nos départements d'associations, plus ou moins révolutionnaires; il y aura peut-être quelques arriérés qui trouveront que M. Rouher a donné un peu légèrement sa parole d'honneur ; l'enquête éclaircira l'affaire. Toujours est-il qu'on peut actuellement dire hautement que, comme pour la guerre, l'argent sera de plus en plus, si on n'y remédie pas, également le nerf du vote universel, du plébiscite.

Très certainement, M. Rouher étant premier ministre du dernier empereur, n'eût pas souffert qu'il s'établît des réunions politiques à tronçons.

FIN.

Blois, imp. Lecesne.

www.ingramcontent.com/pod-product-compliance
Ingram Content Group UK Ltd.
Pitfield, Milton Keynes, MK11 3LW, UK
UKHW012224240726
13966UKWH00003B/935